Ulrike Strätling

Als die Kaffeemühle streikte

Geschichten zum Vorlesen für Menschen mit Demenz

BRUNNEN

Verlag GmbH · Giessen

19. Auflage 2025

© 2011 Brunnen Verlag GmbH, Gießen
www.brunnen-verlag.de
Lektorat: Eva-Maria Busch
Umschlagmotiv: Shutterstock
Umschlaggestaltung: Ralf Simon
Druck: CPI books GmbH, Leck
ISBN 978-3-7655-4123-0

Inhalt

Rategeschichten

Alltagsgeschichten

Geschichten über Puppen, Teddys und Stofftiere

Tiergeschichten

Reimgeschichten

Weihnachtsgeschichten

Zu diesem Buch

Geschichten zu lesen oder vorgelesen zu bekommen, ist mehr als nur „Beschäftigung". Es ist ein sinnvoller Weg, um Erinnerungen zu wecken und somit die Lebensqualität von demenzkranken Menschen zu erhalten. Da aber auch Beschäftigung bekanntlich die „beste Medizin" ist, trägt der Inhalt der Geschichten dazu bei, den Kranken zum Nachdenken, Lachen, Bewegen und Reden zu aktivieren. Schließlich sind es keine unbekannten Dinge, die er da zu hören bekommt – und so wird er sich angesprochen und einbezogen fühlen.

Die Geschichten sind bewusst kurz und einfach gehalten. Dadurch wird es für den Zuhörer leichter, sich noch an Einzelheiten der Geschichte zu erinnern und ebenso an eigene Erlebnisse ähnlicher Art. Bei einem demenzkranken Menschen zählt die Gegenwart, der Augenblick – und so reichen oft Minuten, um ihn zu beschäftigen, glücklich zu machen und Erinnerungen zu wecken.

Ein paar praktische Tipps, die sich aus meiner Erfahrung bewährt haben:

- Begeben Sie sich auf Augenhöhe mit dem Zuhörer. Schauen Sie ihn beim Vorlesen zwischendurch an und berühren Sie seine Hände oder die Schulter.
- Lesen Sie langsam und deutlich und legen Sie Wert auf gute Betonung. Nur so kann der Demenzkranke

auch im fortgeschrittenen Stadium der Geschichte folgen und sie verstehen. Er wird Ihnen dankbar sein und sich wohlfühlen.

- Anschaulicher wird das Vorlesen, wenn Sie Gegenstände aus der „guten alten Zeit" dabeihaben. Dinge, die befühlt und betrachtet werden können und kleine wertvolle Momente des Glücks hervorzaubern.
- Ich stelle übrigens zum Schluss niemals Fragen zu den Geschichten, um peinliche Situationen zu vermeiden. Wenn ich einer Gruppe vorlese, weiß anschließend immer einer der Zuhörer etwas zu erzählen und die anderen stimmen dann in das Geplauder mit ein.
- Die Geschichten können auch in Form von Ritualen eingesetzt werden: zum Beispiel abends am Bett, um Depressionen zu vertreiben, als Ablenkung bei Aggressionen oder einfach nur zu einer bestimmten Uhrzeit, auf die der Kranke sich freuen kann. Dies erleichtert ihm die zeitliche Orientierung und gibt ihm Sicherheit.

Die Würde und Lebensqualität des Demenzkranken so lange wie möglich zu erhalten – das sollte immer das wichtigste Ziel sein, auch beim Vorlesen.

Viel Spaß dabei!

Ulrike Strätling

Küchengeschichten

Eine Kaffeetasse erzählt

Glauben Sie mir, ich habe es auch nicht immer leicht gehabt. Genau wie bei Ihnen ging es mal rauf und mal runter im Leben. Harte und schlechte Zeiten, gute und schöne Zeiten, aber man denkt ja gerne an alles zurück.

Ich befinde mich im Besitz einer älteren Dame, die schon etwas zittrig ist. Sie heißt Adelheid und benutzt mich täglich, um ihren Kaffee aus mir zu trinken. Vielleicht sollte man besser sagen *schlürfen,* denn Adelheid schlürft ihren Kaffee so laut, dass einem die Ohren schmerzen.

Früher waren wir ein ganzes Service und erlebten viele Feiern und Feste. Die Tafel war dann festlich gedeckt und unter uns lag ein feines Damasttischtuch. Ich hörte immer gerne zu, wenn Klatsch und Tratsch das Tischgespräch der Gäste war.

Im Sommer 1952 freundete ich mich mit einem Henkelmann an. Er war nagelneu, jung und hübsch. Wir sahen uns am Abend und hatten dann die ganze Nacht für uns. Tagsüber war er im Bergbau, gefüllt mit Suppe. Deswegen roch er immer etwas streng, wenn er nach Hause kam. Meine Freundin, das Milchkännchen, sagte immer: „Der ist nichts für dich, ihr passt nicht zusammen." Und ich antwortete immer: „Halt dich da raus. Kümmere du dich lieber um deinen geliebten Zuckertopf."

Weihnachten 1953 verlobten wir uns, mein Henkelmann und ich. Wir waren ein schönes Paar, so meinte ich jedenfalls. Doch mein Henkelmann hatte es nicht leicht. Unter Tage, das war kein Zuckerschlecken, da gab es keine Samthandschuhe, da herrschte ein raues Leben. Er bekam Dellen, Kratzer und sah bald nicht mehr so schön aus. „Siehste, das haste nun davon", sagte meine Freundin, das Milchkännchen.

Doch wahre Liebe kommt von innen. Das bewies auch mein Henkelmann, als mein Blümchenmuster im Laufe der Zeit vom Spülwasser immer blasser wurde. Doch es tat unserer Liebe keinen Abbruch.

Eines Tages kam ein neuer Henkelmann ins Haus. Schön und stattlich, dagegen sah mein alter Henkelmann aus wie … na ja, lassen wir das. Zu der Zeit wurde ich vom übrigen Service ausgesondert und kam in den täglichen Gebrauch. Mein Henkelmann wurde als Vase für die Wiesenblumen benutzt, aber es stand ihm ausgezeichnet. So ist das nun mal, wenn man alt wird. Aber das Leben geht weiter und wir sehen immer nach vorn und machen das Beste daraus. Noch so viele schöne Jahre stehen uns bevor.

Jetzt, wo mein Henkelmann nicht mehr arbeiten muss, sehen wir uns jeden Tag von morgens bis abends. Und wenn Adelheid vergisst, mich in den Schrank zu stellen, sehen wir uns auch nachts. Das ist doch toll, oder?

Tischsitten

Der kleine Jens war gerne bei seinen Großeltern zu Besuch. Opa Heini spielte mit ihm „Mensch ärgere dich nicht" oder las ihm spannende Geschichten vor. Oma Anni backte Kuchen, und den gab es dann nachmittags am Küchentisch, mit leckerem Kakao. Und genau an demselben, begann Opa Heini dann jedes Mal mit seinen Belehrungen. Kaum saß der kleine Jens, so hörte er auch schon den Opa sagen: „Sitz gerade, Junge."

So auch an einem Sonntagnachmittag im August. Es war ein schöner warmer Sommer und Oma Anni hatte etwas Erfrischendes gebacken. Es war fünfzehn Uhr und dreißig Minuten, als die drei Platz nahmen.

Opa Heini sagte: „Sitz gerade, Junge, sonst bekommst du später einen Buckel."

Jens setzte sich so aufrecht, wie es nur ging, damit er endlich anfangen konnte. Jens trank einen Schluck Kakao und Opa Heini sagte: „Nicht schlürfen, mein Junge, sonst bekommst du Luft in den Bauch."

„Ja, Opa", sagte Jens höflich.

Opa Heini sagte: „Und die Hände liegen beide auf dem Tisch, neben dem Teller."

„Ja, Opa", meinte Jens und legte beide Hände auf den Tisch.

Opa Heini sagte: „Nicht schmatzen, mein Junge, das gehört sich nicht."

„Nein, Opa. Kann ich endlich essen?"

Opa Heini meinte: „Binde dir die Serviette um, damit du dich nicht bekleckerst." Auch das tat Jens.

Oma Anni mischte sich ein und sagte: „Nun lass den Jungen doch endlich essen, er muss doch schon gleich wieder nach Hause."

Opa Heini sagte: „Er muss Tischsitten lernen, sonst kann er sich später in Gesellschaft nicht richtig benehmen."

Jens sagte: „Opa, ich habe Hunger."

Inzwischen zeigte die Küchenuhr sechzehn Uhr an.

Opa Heini sagte energisch: „Du sitzt schon wieder krumm. Sitz gerade, so wie es sich gehört."

Jens nahm eine Gabel voll Kuchen. Doch noch bevor er den Kuchen im Mund hatte, rief Opa Heini: „Halt! Man führt die Gabel zum Mund, nicht den Mund zur Gabel. Warte, ich mache es dir vor."

Opa Heini beobachtete Jens genau. Er ließ ihn nicht aus den Augen. Doch plötzlich stand er auf und kam kurze Zeit später mit einem Besenstiel zurück.

Verdutzt fragte Oma Anni: „Was hast du vor, Heini?"

„Den bekommt Jens jetzt in den Rücken, unter den Pullover. Dann sitzt er gerade", sagte Opa Heini und machte sich an Jens zu schaffen. Inzwischen war es sechzehn Uhr und fünfzehn Minuten.

Jens stand auf. „Ich muss nach Hause, Opa. Du kannst meinen Kuchen essen, aber sitz gerade dabei, schmatz nicht, schlürf nicht und führ die Gabel zum Mund. Und außerdem steht man nicht einfach vom Tisch auf und läuft weg, um einen Besenstiel zu holen. Ach ja, und vergiss die Serviette nicht, falls du kleckerst." Dann war er fort.

Opa Heini hatte keinen Appetit mehr. Er hatte nur noch ein schlechtes Gewissen.

Das Frühstück

Vor Beginn weisen Sie darauf hin, dass in der folgenden Geschichte einige merkwürdige Dinge zu hören sind, die so nicht stimmen können. Dadurch lenken Sie die Aufmerksamkeit auf die bevorstehenden Fehler. Schlagen Sie vor, dass bei jedem Fehler geklatscht oder „Halt!" gerufen wird.

Lesen Sie langsam und sehr betont. Wenn der Fehler nicht erkannt wird, wiederholen Sie den Satz noch einmal. Eventuell klatschen Sie auch selbst oder stellen eine Rückfrage.

Edelgard war eine kluge Frau. Und weil sie ihre Klugheit behalten wollte, trainierte sie ständig ihre grauen Gehirnzellen. Sie löste Kreuzworträtsel, lernte Gedichte auswendig und las täglich die Tageszeitung.

Doch einmal, es war an einem Freitagmorgen, kam ihr eine Idee. Es war gerade sieben Uhr und sie wollte sich ein leckeres Frühstück zubereiten. Edelgard nahm sich vor, an diesem Morgen alle Dinge, die sie in die

Hand nahm, brauchte oder sah, mal anders zu benennen. *Das bringt meine Gehirnzellen ordentlich auf Trab,* dachte sie und fing sofort damit an …

„Mh, ich freue mich schon sehr auf mein Mühstück (Frühstück)", sagte sie und begann zu hantieren. „Nun erst einmal die Futter (Butter) aus dem Mühlschrank (Kühlschrank) holen", sprach sie und lachte über sich selbst. Sie meinte schmunzelnd: „Lustig hört sich das an. Jetzt nehme ich mir noch Burst (Wurst) und Schlamelade (Marmelade)." Sie legte alles auf den Küchentisch.

Edelgard ging zum Schrank und holte sich einen Propf (Topf) heraus, um sich ein Ei zu kochen. Dann deckte sie den Küchentisch mit Schnellern (Tellern) und Klassen (Tassen). Schmunzelnd setzte sie den Kaffee auf und holte die Knilch (Milch) aus dem Kühlschrank.

Edelgard nahm auf dem Küchenbuhl (Küchenstuhl) Platz, um in die Tageszeitung zu schauen. Ein interessanter Artikel fesselte sie – und Edelgard vergaß ihr Ei. Nach fünfzehn Minuten fiel es ihr wieder ein. Jetzt war es aber bestimmt gar! Sie meinte: „Nun, jetzt werde ich in Ruhe mühstücken (frühstücken), mein Schrot (Brot) essen und dazu gibt es das harte Ei. Einen guten Appetit wünsche ich dir, Edelgard." Und dann biss sie herzhaft in ihr Schrot (Brot).

Als die Kaffeemühle streikte

Oma Luise und Opa Paul lehnten jeglichen modernen Schnickschnack ab. Elektrische Geräte waren für sie Firlefanz und gehörten nicht in ihre Küche. Entsafter, Mixer, Hacker, Pürierer und Eierkocher gab es nicht, es wurde alles, wie anno dazumal, mit der Hände Kraft gemacht.

Jeden Morgen nahm Oma Luise ihre alte Kaffeemühle vom Regal, füllte sie mit frischen Bohnen und mahlte diese zu Pulver. Fröhlich drehte sie die Mühle und pfiff dabei ein Liedchen. Anschließend wurde der Kaffee mit der Hand aufgebrüht. „Das ist immer noch der beste Kaffee", sagte Oma Luise und fächerte sich den wunderbaren Kaffeeduft zu.

Doch eines Morgens wollte die Kaffeemühle nicht mahlen. Irgendetwas klemmte, sie drehte sich nicht. „Paul, komm doch mal, ich glaube, die Kaffeemühle ist kaputt!", rief Luise.

Nach einer gründlichen Begutachtung sagte Paul: „Die ist hinüber, wir brauchen etwas Neues."

„Dann geh und kauf eine neue Kaffeemühle, aber noch heute! Ich habe Kaffeedurst", antwortete Oma Luise.

Opa Paul runzelte die Stirn: „Wollen wir uns nicht lieber so einen modernen Kaffeeautomaten kaufen?"

„Kommt mir nicht ins Haus!", erboste sich Oma Luise.

„Ja, aber die sind doch so bequem, sagt man. Du

kaufst den Kaffee schon gemahlen und den Rest macht der Automat", meinte Opa Paul.

„Nichts da, will ich nicht! Alles nur Geldmacherei von den Geschäftsleuten", antwortete Oma Luise ärgerlich.

„Ja, aber unsere Kinder sind auch zufrieden damit. Und du trinkst doch auch den Kaffee aus ihrem Automaten, wenn wir da sind", versuchte Opa Paul erneut sein Glück.

„Nix da, ich will genau so eine Kaffeemühle wie diese." Oma Luise hielt ihm die alte Mühle unter die Nase.

Paul seufzte und ging noch am frühen Vormittag los. Er hetzte von Geschäft zu Geschäft, aber überall bekam er zu hören: „So etwas führen wir nicht mehr. Da müssen Sie schon auf den Flohmarkt gehen." Was nun? Oma Luise hatte Kaffeedurst. Also kaufte Opa Paul in seiner großen Verzweiflung eine Kaffeemaschine und ein Pfund gemahlenen Kaffee gleich dazu.

Mit einem gehörig schlechten Gewissen präsentierte er diese der Oma. Und was machte Oma Luise? Sie schlug die Hände über dem Kopf zusammen und stieß einen schrillen Schrei aus.

„O nein, was hast du getan?", rief sie und holte tief Luft. Noch bevor sie das Nächste sagen konnte, befahl Paul: „Sag jetzt nichts mehr und setz dich. Ich koche jetzt Kaffee."

Paul hantierte, klapperte, lächelte, es pröddelte und blubberte ... und etwas später trank Oma Luise frischen Kaffee. Und siehe da, er schmeckte ihr.

Opa Paul meinte: „Luise, wir müssen mit der Zeit gehen. Wir können nicht ewig im Mittelalter leben."

„Vielleicht hast du ja recht, Paul", lachte Luise und nahm noch einen Schluck frischen Kaffee.

Wenn der Wasserkessel pfeift

Der Wasserkessel stand auf dem Herd und brodelte. Gleich würde das Wasser kochen und der Kessel pfeifen. Die Hausfrau Käthe hatte allerdings nicht vor, darauf zu warten. Stattdessen ging sie ins Schlafzimmer, um die Betten zu richten. Ihr Mann Willi saß ja in der Küche. Er war zwar ein bisschen schwerhörig, aber wenn der Kessel anfing zu pfeifen, würde er das bestimmt hören und sich darum kümmern.

Willi hatte seinen Kopf über ein Kreuzworträtsel gesenkt und war hoch konzentriert bei der Sache.

Üüüüüüh! Der Kessel pfiff.

Käthe horchte, aber nichts rührte sich. Der Kessel pfiff weiter: *Üüüühhh!*

„Willi, der Kessel pfeift!", rief sie laut.

Die Antwort war: „Wer keift?"

Käthe rief: „Der Kessel pfeift!"

Willi rief: „Ja, die Tomaten sind reif."

Käthe holte tief Luft und schrie: „Das Wasser kocht!"

Willi rief: „Wer pocht? Ist jemand an der Tür?"

Verzweifelt versuchte Käthe es noch einmal: „Der Keeessel pfeiiift!"

Willi rief: „Ja, meine Knochen sind schon ganz steif."

Und ich gehe nicht in die Küche, dachte Käthe wütend. Sie formte mit den Händen einen Trichter am Mund und rief: „Das Wasser kooocht!"

Als Antwort hörte sie: „Ja, die Kerzen haben einen Docht."

Jetzt platzt mir gleich der Kragen, dachte Käthe. *Willi soll sich endlich bewegen.* Der Wasserkessel pfiff immer noch: *Üüüüühhh!* Da schrie sie aus Leibeskräften: „Nimm den Kessel vom Herd!"

„Wer hat ein Schwert?", rief Willi.

Es hat keinen Zweck, dachte Käthe. *Entweder er will mich ärgern, oder er hört wirklich so schlecht.* Käthe warf das Kopfkissen aufs Bett und rannte in die Küche, um dem Lärm ein Ende zu machen.

Willi schaute vom Kreuzworträtsel auf und meinte: „Hat das Wasser gekocht?"

Käthe sagte nichts mehr, denn vom Schreien tat ihr schon der Hals weh. Sie dachte nur: *Wäre ich doch lieber gleich gegangen, dann hätte ich mir die viele Schreierei erspart.*

Der Sonntagsbraten

Es war Sonntagvormittag, genau zehn Uhr, als Karl zu mir sagte: „Inge, heute koche ich. Mach es dir im Wohnzimmer gemütlich und ruh dich aus!"

Ich traute meinen Ohren nicht, das war ja noch nie da gewesen. Noch nie hatte mein Mann den Kochlöffel geschwungen, in den ganzen vierzig Ehejahren nicht.

Zaghaft fragte ich: „Aber Karl, weißt du denn, wie man einen Rinderbraten zubereitet?"

„Papperlapapp, wird schon nicht so schwer sein. Nun geh schon ins Wohnzimmer!", sagte Karl energisch.

„Aber Karl, so lass mich wenigstens helfen", sagte ich.

„Papperlapapp, ich mach das schon", sagte Karl ungeduldig und schob mich zur Küchentür hinaus. Es war zehn Uhr dreißig, als ich im Wohnzimmer saß. Ich fand aber keine Ruhe, und deshalb schlich ich mich zur verschlossenen Küchentür und spähte durch das Schlüsselloch. Ich sah meinen Karl, wie er sich meine Schürze umband. Es sah zu komisch aus und ich musste kichern. Dann hielt er den Rinderbraten in der Hand und begutachtete ihn ausgiebig von allen Seiten. Als Nächstes konnte ich sehen, wie Karl Zwiebeln schnitt. Oje, er wischte und rieb sich die Augen. Karl weinte.

Ich sah auf meine Armbanduhr. Es war gleich elf Uhr, also pünktlich würde es kein Essen geben. Karl arbeitete langsam, sehr langsam. Aber er schwitzte mächtig, sodass seine Stirn kräftig glänzte.

Um elf Uhr fünfzehn war das Fleisch im Topf und brutzelte. Doch ich fragte mich: Wann hatte er es gesalzen? Gesehen hatte ich jedenfalls nichts.

Um elf Uhr dreißig schälte Karl Kartoffeln. Mir tat langsam der Rücken weh. Nun hockte ich schon eine Stunde in dieser unbequemen Stellung vor dem Schlüsselloch. Plötzlich hörte ich einen Schrei, dann ein Stöhnen, darauf ein Fluchen.

Karl schrie: „So ein Mist, Schiete und zum Donnerwetter!" Karl hatte sich in den Finger geschnitten. Der Ärmste blutete.

„Was ist los, Karl?", rief ich besorgt.

„Nichts", war die Antwort. Langsam taten mir nun auch noch die Augen weh. Das Gucken durch das Schlüsselloch war anstrengend, aber spannend.

Ein neuer Schrei, ich glaube, er war noch lauter. Karl hatte sich verbrannt. Er sprang durch die Küche und hielt sich den Arm unter den kalten Wasserstrahl. Langsam tat er mir leid. Karl sah ziemlich unglücklich aus.

Um zwölf Uhr dreißig rief er mich zum Essen. Karl staunte nicht schlecht, als er mich in gebückter Haltung vor der Küchentür fand. Mein Rücken tat weh, es hatte sich wohl etwas verklemmt. Ich kam gar nicht mehr hoch.

Karl grinste und half mir auf. „Du hast doch nicht etwa die ganze Zeit durchs Schlüsselloch geguckt?", fragte er, als er mich zum Tisch führte.

Stolz füllte er meinen Teller. Sein Zeigefinger war verpflastert, an seinem Arm prangte eine dicke Brandblase

und auf seiner Stirn standen nach wie vor die Schweiß-
perlen.

Der Sonntagsbraten sah gut aus, das musste ich zuge-
ben, doch leider war kein Salz daran. Auch die Kartoffeln waren ungesalzen und Gemüse gab es erst gar nicht.
Aber ich sagte nichts und mein verschwitzter Karl sagte
auch nichts. Keiner von uns holte einen Salzstreuer. Ich
wollte nicht meckern und Karl war zu stolz, seinen Fehler zuzugeben. Na egal, dachte ich, der gute Wille zählt.
Und ich lächelte ihm kauend zu.

„Lecker", sagte ich schmunzelnd.

„Papperlapapp", brummte Karl.

Küchengymnastik

*Zum Schluss noch etwas Besonderes: eine Geschichte
zum Mitmachen, um in Bewegung zu bleiben. Vorab
weisen Sie bitte darauf hin, dass Bewegungsübungen
folgen werden. Auch der Vorleser sollte mitmachen
(bzw. die Bewegung vormachen), um die Zuhörer zu
motivieren.*

*Die entsprechenden Worte, die zur Bewegung auf-
fordern, langsam lesen und mehrfach wiederholen. Es
empfiehlt sich, einen Stuhlkreis um einen Tisch zu stellen. Viel Spaß!*

Waltraud hat Besuch. Ihre beste Freundin Edith ist gekommen. Die beiden Freundinnen sitzen gemütlich in der Küche und genießen ihr gemeinsames Frühstück.

Waltraud sagt: „Bewegung ist das A und O, dann bleibt man fit."

Edith meint erstaunt: „Aber wir bewegen uns doch genug. Wäsche waschen, putzen, bügeln und einkaufen gehen, das reicht doch."

Waltraud erwidert: „Das, meine Liebe, reicht eben nicht. Auf die *richtige* Bewegung kommt es an."

„Wie meinst du das?", fragt Edith.

Waltraud schmunzelt und sagt: „Bleib noch ein wenig hier, dann zeige ich es dir und du machst mit. Alles was ich mache, machst du auch."

Edith meint: „Na dann fang mal an, ich bin schon gespannt."

Und Sie, liebe Zuhörer, können nun auch alles mitmachen. Alles was Waltraud ihrer Freundin vormacht, machen wir jetzt auch. Also: Los geht es!

Waltraud steht auf und räkelt sich. Sie hebt die Arme und streckt sich in Richtung Zimmerdecke. Doch das reicht ihr noch nicht, sie stellt sich dabei auf ihre Zehenspitzen. Fast wie eine Balletttänzerin. Dann nimmt sie die Arme wieder herunter und trippelt auf Zehenspitzen durch die Küche. „Das ist gut für die Venen", meint sie und zwinkert Edith zu.

„Puh, das ist ja anstrengend", schnauft Edith und will sich setzen.

Doch Waltraud ruft: „Halt, wir sind noch nicht fertig! Wir laufen jetzt wie ein Storch und räumen dabei den Tisch ab. Rechtes Knie hoch und dann das linke Knie, rechts und links und rechts und links, immer abwechselnd."

So stolzieren die beiden Damen wie die Störche durch die Küche. Die Teller oder Tassen in der Hand, vom Tisch zur Spüle und umgekehrt. Als der Tisch abgeräumt ist, stellt sich Waltraud hinter einen Küchenstuhl. Mit beiden Händen hält sie sich an der Rückenlehne fest und beginnt, Kniebeugen zu machen.

„Komm schon, Edith, runter und wieder rauf, runter und rauf. Gleich gibt es eine Pause. Noch mal runter und rauf. Das tat gut. Und jetzt eine Pause."

Waltraud und Edith setzen sich und trinken ein Glas Wasser. Waltraud meint: „Übrigens, auch im Sitzen kann man etwas für seine Gesundheit tun." Langsam lässt sie den Kopf auf der Schulter kreisen. Einmal rechtsherum und einmal linksherum.

Edith staunt: „Das tut ja richtig gut."

Waltraud sagt: „Jetzt noch die Schulter richtig hochziehen und dann langsam wieder herunterkommen. Dann dehnen wir die Schultern noch nach hinten, sodass die Schulterblätter aneinanderkommen, und dann ziehen wir die Schultern wieder nach vorn. Ja, gut, und noch einmal. Erst nach hinten, so weit es geht, und wieder nach vorne. Das entspannt die Muskulatur."

Edith ist begeistert und meint: „Eine tolle Möglich-keit, um sich fit zu halten."

„Ja", sagt Waltraud und lacht. „Es gibt noch viel mehr solcher Übungen. Aber für heute reicht es, sonst hast du morgen Muskelkater."

Gartengeschichten

Das Grillfest

Die Vorbereitungen für das bevorstehende Grillfest liefen auf vollen Touren. Zu seinem Geburtstag hatte Hubert Krause die gesamte Nachbarschaft eingeladen. Er, ein ehemaliger General, stand mitten im Garten und kommandierte in stolzer Haltung seine Familie herum.

„Der Grill muss weiter nach hinten, wegen der Rauchentwicklung. Zack, zack!", rief er seinem Sohn Gerd zu. Gerd verkniff sich eine Antwort und machte es einfach.

Tochter Heidi stand gerade auf der Leiter und brachte eine Girlande an.

„Höher, Heidi, höher, höher. Zack, zack!"

Auch Heidi verkniff sich eine Antwort. Die Kinder kannten ihren Vater nur zu gut. Kommandieren war nun mal seine Leidenschaft.

Huberts Frau Lieselotte hantierte in der Küche. Sie war eine kleine, etwas rundliche und fleißige Frau. Hubert drehte sich in Richtung Küchenfenster und rief im scharfen Befehlston: „Lieselotte, die Stühle und Tische müssen platziert werden. Zack, zack, komm heraus!"

Auch Lieselotte verkniff sich eine Bemerkung und kam einfach nur heraus. Sie war es gewohnt, herum-

kommandiert zu werden, und hatte es sich längst abge-
wöhnt, etwas dagegen zu sagen.

Als alles so stand, wie Hubert Krause es wollte, lief er
mit großen Schritten durch den Garten. Mit kritischem
Blick, die Hände auf dem Rücken verschränkt, inspi-
zierte er alles. „Ketchup fehlt, Senf, Salz, Pfeffer, Grill
anfeuern und alles ein bisschen zack, zack!", tönte sein
Befehl durch den Garten.

Um achtzehn Uhr kamen die Gäste. Hubert Krause
begrüßte jeden Gast in strammer Haltung und schlug
dabei die Hacken zusammen, dass es nur so knallte. Die
Gäste suchten sich einen Platz, sozusagen auf Befehl,
denn Herr Krause sagte bei jedem: „Platz nehmen, zack,
zack!"

Die Abendsonne strahlte vom Himmel, als Hubert
Krause sich vor seine Rosen stellte und die mehrmals ge-
probte Begrüßungsrede hielt. Er hieß alle willkommen
und rief zwischendurch: „Würstchen auflegen, zack,
zack!" Er tat tatsächlich so, als hätte er den Garten ganz
alleine geschmückt. Seine Frau verdrehte die Augen.

Während Hubert Krause seine eigene Lobesrede hielt
und gerade den Kartoffelsalat anpries, näherte sich eine
Wespe. Sssss, Sssss umschwirrte sie seinen Kopf. Wild
um sich fuchtelnd rief er: „Weg, weg, zack, zack!" Und
als er gerade wieder Luft holte, um seine wohlvorberei-
tete Rede fortzusetzen, da stach die Wespe zu. Genau
um achtzehn Uhr dreißig und mitten auf die Nase.

„Au, verflixt!", rief er noch und dann fiel er um.

„Hubertchen!", rief Lieselotte erschrocken und beugte sich über ihn. Er schlug die Augen auf und murmelte: „Sag nicht Hubertchen zu mir."

„Jawohl, Herr General. Das ist die Strafe, weil du so egoistisch bist", murmelte seine Frau, aber so leise, dass er es nicht hörte. Erst schwoll die Nase an, dann das ganze Gesicht, und der General kam ins Krankenhaus. Die Nachbarn aber blieben und feierten erst mal richtig, denn jetzt schwang keiner mehr große Reden. Und die Würstchen schmeckten auch ohne den General köstlich.

Großmutters Kräuterbeet

Als Hans-Dieter noch ein Kind war, hielt er sich am liebsten im Garten seiner Großeltern auf. Hier war sein Lieblingsplatz inmitten all der herrlichen Dinge, die dort wuchsen. Da gab es alles, was man zum Leben brauchte, und das war auch gut so, denn es gab oft genug schlechte Zeiten.

Genau in der Mitte des Gartens stand ein Kirschbaum, allerdings waren es Sauerkirschen. Jahr für Jahr machte Großvater Saft aus den Früchten. Es gab eine Menge Beete mit den verschiedensten Leckereien. Süße Möhren, Radieschen, Kartoffeln, Kohlrabi und Salat. Links, ganz hinten in der Ecke vor dem Komposthaufen, wuchs Rhabarber. Es gab noch einen Stachelbeerstrauch und Tomatenpflanzen. Auf der rechten Seite stand ein Kaninchenstall mit zwei oder manchmal auch drei Kaninchen. Verhungern konnte also niemand.

Großmutters ganzer Stolz war ein Kräuterbeet. Sie pflegte zu sagen: „Das gibt den letzten Pfiff an die Suppe!" Petersilie, Liebstöckel, Schnittlauch, Dill und Rosmarin, Thymian und Zitronenmelisse wuchsen dort. Sie hütete dieses Beet wie ihren Augapfel. Kam Hans-Dieter auch nur einen Schritt zu nah, rief sie gleich: „Pass auf, Hans-Dieter, dass du nicht die Kräuter zertrampelst!" Meistens fügte sie noch hinzu: „Nur gucken, nicht anfassen." Ja, so war sie. Sie hatte Augen wie ein Luchs.

Hans-Dieter war damals zehn Jahre alt, als der Lehrer in der Schule sagte: „Morgen bringen alle Kinder für den Naturkundeunterricht etwas aus dem Garten mit. Gemüse, Kräuter oder Obst brauchen wir für den Anschauungsunterricht." Hans-Dieters Eltern besaßen keinen Garten und in der Küche war nichts Brauchbares für den Unterricht zu finden. Er wollte aber unbedingt eine gute Note bekommen und dachte sich noch am selben Abend einen gewagten Plan aus …

Obgleich er wusste, dass er ein großes Risiko einging, schlich er sich am nächsten Morgen in den Garten der Großeltern. Hans-Dieter holte einen Beutel aus seinem Schulranzen und fing an zu ernten. Kirschen, Erdbeeren, Stachelbeeren und Tomaten wanderten in den Beutel. Im Kaninchenstall gab es eine Schere, mit der Hans-Dieter den Rhabarber abschneiden konnte. Großzügig füllte er den Beutel. Hans-Dieter äugte zu dem Kräuterbeet herüber. Sollte er auch da etwas abpflücken? Hm, er überlegte. Sicherlich gab das Ärger. Ach, egal!, dachte er, eine gute Note in Naturkunde war wichtiger.

Und so begann er, Petersilie und andere Kräuter abzuschneiden. Er schnitt und schnitt, bis der Beutel voll und das Kräuterbeet leer war. Oje, so viel sollte es doch gar nicht sein! Schleunigst suchte er das Weite.

Der Lehrer und die Klassenkameraden staunten nicht schlecht über das, was Hans-Dieter aus seinem Beutel herausholte. Lottchen hatte nur eine Möhre mitgebracht und Karlchen einen Apfel. Manche hatten gar nichts dabei.

Hans-Dieter bekam die Note „sehr gut". Das war gerecht, denn schließlich wusste er auch noch zu allem etwas zu erzählen: wie die Erdbeeren angebaut wurden, wo die Möhren wuchsen und wie die Kräuter hießen. Am Ende der Stunde aßen alle das Obst und das Gemüse auf und der Lehrer nahm die Kräuter für seine Frau mit nach Hause. Doch Hans-Dieter konnte sich über seine gute Note nicht richtig freuen. Er hatte plötzlich große Angst, denn er wusste: Großmutters Zorn würde unerbittlich sein. Ihr kostbares Kräuterbeet war abgeerntet und Erdbeeren gab es auch keine mehr.

Schnurstracks eilte er nach Hause und wollte sich in sein Zimmer verdrücken. Aber da stand sie schon: eine besonders zornig dreinblickende Großmutter. Mit strengem Blick und einer Stimme, die nichts Gutes versprach, fragte sie: „Was war in deinem Beutel heute Morgen? Ich habe dich vom Fenster aus gesehen. Sag die Wahrheit, Hans-Dieter, und wage nicht, mich anzulügen."

Hans-Dieter gestand alles, denn leugnen wäre ja auch zwecklos gewesen. Ängstlich und im Begriff unter den Tisch zu kriechen fügte er am Schluss noch hinzu: „Aber ich bekomme ein ‚sehr gut‘ im Zeugnis.“

„Hm, hm, hm, so, so, so“, sagte die Großmutter. Dann lachte sie: „Na, wenn das so ist … Aber du hättest mich fragen müssen, denn man bestiehlt seine Großmutter nicht.“ Sie blinzelte Hans-Dieter an und meinte: „Na ja, die Kräuter wachsen nach. Und was nicht gleich nachwächst, das kommt im nächsten Jahr wieder neu.“

Heute hat Hans-Dieter selbst ein Kräuterbeet. Und er hütet es wie seinen Augapfel.

Diesmal wird geerntet!

Herr Liebknecht kam aus dem Keller und sagte zu seiner Frau: „Ich habe es geschafft. Alles ist fertig.“

Frau Liebknecht sah ihren Mann erstaunt an und erwiderte: „Das wurde auch langsam Zeit. Du hast den ganzen Winter gebraucht, um eine Vogelscheuche zu bauen?“

Herr Liebknecht kratzte sich am Kinn und meinte schmunzelnd: „Eine? Wer spricht hier von *einer* Vogelscheuche?“

Frau Liebknecht verstand ihren Mann nicht so richtig. Sie zuckte nur mit den Schultern und knetete ihren Kuchenteig weiter. Herr Liebknecht ging indessen hinaus in den Garten und markierte einige Stellen mit kleinen Fähnchen.

Die Liebknechts hatten den größten Garten weit und breit. Sie konnten immer reichlich Obst und Gemüse ernten, sie ernährten sich ausschließlich aus dem Garten. Doch im letzten Jahr waren scharenweise hungrige Vögel angeflogen gekommen, die sich über das Obst und Gemüse hermachten. An manchen Tagen kamen sie sogar zweimal – bis nichts mehr da war. Die gefräßigen Krähen hatten den Liebknechts nicht *eine* Kirsche übrig gelassen. Auch das Erdbeerbeet wurde leer gefressen und der Salat zerrupft. Nichts war vor den frechen Vögeln sicher.

Herr Liebknecht allerdings hatte sich so seine Gedanken gemacht. Im nächsten Sommer wollte er unter allen Umständen etwas von seinem Gemüse haben und sein Obst selbst essen. Und darum war er den ganzen Winter über zum Basteln in den Keller gegangen. Er hatte fest vor, den Vögeln ein Schnippchen zu schlagen. Stundenlang, ja manchmal den ganzen Tag lang, hörte und sah Frau Liebknecht ihren Mann nicht. Und da sie selbst nicht in den Bastelkeller ging, wusste sie auch nicht, was Herr Liebknecht dort fabrizierte.

Inzwischen waren die ersten Keimlinge aus der Erde gekommen, und auch der Kirschbaum ließ ahnen, wie viele rote Früchte er tragen würde. Da ging Herr Liebknecht noch einmal in den Keller, rumpelte ein wenig herum und kam mit einer riesigen Vogelscheuche wieder nach oben. Er schleppte sie bis zum Kirschbaum, wo bereits ein Fähnchen steckte, und rammte sie dort in die Erde.

Frau Liebknecht bekam große Augen. „Mannomann, ist die riesig!" Die Vogelscheuche war so groß wie Herr Liebknecht – und der war schon sehr groß. „Und sie hat ja sogar deinen Pullover an. Den suche ich schon seit Wochen! Und den Schal habe ich auch schon vermisst. Halt, das ist ja meiner." Frau Liebknecht war ein bisschen sauer.

Ein Nachbar kam zum Zaun und rief laut lachend: „Jetzt wollen Sie es aber wissen, Herr Nachbar! Dies Ding verscheucht ja alles. Selbst mich, ha, ha, ha!"

Herr Liebknecht antwortete: „Lachen Sie ruhig, Sie werden schon sehen."

Von einer anderen Seite des Zaunes hörte man ebenfalls ein Lachen. Ein zweiter Nachbar hatte seinen Spaß beim Anblick der Vogelscheuche. Er krümmte sich vor Lachen und hielt sich dabei den Bauch fest.

Herr Liebknecht rief ihm zu: „Lacht ihr nur alle über mich, aber ich lache zuletzt. Ich verspreche euch, dass ich in diesem Jahr meine Früchte ernten werde. Brief und Siegel gebe ich euch darauf." Dann verschwand er wieder im Keller.

Am späten Abend, als niemand mehr im Garten war, stellte Herr Liebknecht noch mehr Vogelscheuchen auf. Eine kam ins Gemüsebeet, eine ins Blumenbeet, eine mitten auf die Wiese … bis zum Schluss acht riesige Vogelscheuchen dort standen. Man sah vor lauter Vogelscheuchen den Herrn Liebknecht gar nicht mehr.

Am nächsten Tag amüsierte sich der ganze Stadtteil über die Vogelscheuchenparade. Sein Garten kam sogar mit einem Foto in die Zeitung. Viele Schaulustige kamen, um die Riesenpuppen zu sehen und zu fotografieren. Aber das alles störte Herrn Liebknecht nicht, denn seine Ernte war ihm sicher. Die Krähen flogen diesmal über seinen Garten hinweg. Und wenn doch einmal eine landete, wurde sie verscheucht und flog lieber in Nachbars Garten, so wie die anderen auch.

Da lachte Herr Liebknecht.

Die Schatzkiste

„Harry", sagte meine Frau, „ich möchte ein Gemüsebeet anlegen. Bitte grab mir doch ein Stück Land in unserem Garten um."

Also schnappte ich mir einen Spaten und marschierte los. Jeder Wunsch meiner Frau ist mir ein Befehl, der sofort erfüllt werden muss!

„Harry", hörte ich meine Frau rufen, „schön tief umgraben, dass ja keine alten Wurzeln in der Erde bleiben!"

„Ja doch, ich mache das schon ordentlich!", rief ich zurück. Gudrun war sehr pingelig. Ich begann, Stück für Stück sorgfältig die braune Erde umzugraben. Plötzlich stieß ich auf einen harten Gegenstand. Vorsichtig stocherte ich im Erdreich herum. Es klang wie etwas aus Metall. Ich bückte mich und buddelte so lange mit den bloßen Händen, bis ich eine Kiste heraushob. Sie war etwa so groß wie ein Schuhkarton.

Ich rief, so laut ich konnte: „Gudrun, komm mal schnell. Ich habe eine Schatzkiste gefunden!"

Gudrun kam gelaufen und sagte hoffnungsvoll: „Vielleicht ist Geld oder Schmuck drin. Mach doch mal auf, Harry."

Ich lachte, und wir nahmen die Kiste erst einmal mit in die Küche. Mit einem Schraubenzieher konnte ich sie leicht öffnen. Darin lag etwas, das in ein rotes Kopftuch eingewickelt war. Mit zittrigen Händen wickelte ich das Tuch ab, und zum Vorschein kam – ein zotteliger alter Teddybär. Daneben lag ein Zettel, auf dem in Kinderschrift etwas geschrieben stand. Ich las vor:

„Das ist mein lieber Teddy Petzi. Wir ziehen um und ich darf ihn nicht mitnehmen. Wenn du meinen Teddy findest, bring ihn mir bitte. Ich heiße Willi Schulte und ich ziehe nach Recklinghausen."

„Wir müssen den Jungen finden", rief Gudrun gerührt.

Ich sagte: „Weißt du, wie lange die Kiste schon in der Erde liegt? Vielleicht lebt dieser Willi gar nicht mehr."

„Lass es uns wenigstens versuchen", schlug Gudrun vor.

Drei Tage telefonierte ich herum. Ich hätte nie gedacht, dass es so viele Familien in Recklinghausen gibt, die „Schulte" heißen! Am vierten Tag, es war ein Donnerstag, hatte ich endlich eine heiße Spur. An diesem Nachmittag packten wir den Teddy samt Kiste und Brief in unser Auto und fuhren los, nach Recklinghausen. Eine halbe Stunde später drückte ich auf einen Klingelknopf, auf dem „Willi Schulte" stand.

Ein Mann etwa in meinem Alter, so um die sechzig, öffnete mir die Tür. Als sein Blick auf die Kiste fiel, stieß er einen Freudenschrei aus. Damit hatte er nicht gerechnet! Nie hätte er zu hoffen gewagt, jemals seinen Teddy wiederzusehen.

Willis Frau machte Bilder, und fünf Tage später stand die Geschichte von der Schatzkiste in der Zeitung. Jeder konnte sie lesen. Das war auch für uns eine schöne Erinnerung.

Ein Paradies für Zwerge

Der Garten von Familie Hoffmann war eine kleine und ganz besondere Welt für sich. Ein Fantasieland sozusagen, wunderschön anzusehen für große und kleine Leute. Wie von Zauberhand erschaffen, stand eine kleine Miniaturwelt in diesem Garten. Ob rechts oder links, vorne, hinten oder in der Mitte: In jedem Eckchen gab es etwas zu entdecken.

Der absolute Blickfang war eine große Windmühle, die genau in der Mitte des Rasens stand. Rundherum erstreckte sich eine Landschaft mit kleinen Fachwerkhäusern, in denen winzige Gardinen hingen. Es gab auch einen Leuchtturm, eine kleine Mühle mit einem Wasserrad, kleine Bänke, die zum Verweilen einluden, und jede Menge bunter Gartenzwerge. Die Zwerge, so schien es, lebten in dieser kleinen Welt, arbeiteten, angelten, faulenzten oder amüsierten sich. Es gab kleine Berge, einen fließenden Bach, winzige Blumenbeete und Laternen, die am Abend leuchteten. Viel Liebe zum Detail steckte in dieser kleinen Welt.

Einmal war sogar ein Fernsehteam da und filmte das Zwergenparadies. Herr und Frau Hoffmann erzählten vor laufender Kamera, wie viel Arbeit in ihrem Garten steckte. Es hatte drei Jahre gedauert, bis alles so war, wie es jetzt aussah. Viele, viele Bastelstunden waren nötig gewesen, bis das Kunstwerk fertig war.

Doch dann kam eines Tages ein böser Brief von der Stadt: Ausgerechnet hier an Hoffmanns Garten sollte eine kleine Umgehungsstraße gebaut werden. Dazu benötigte die Stadt das halbe Grundstück. Es wurde zwar ein guter Preis dafür geboten, doch auch für eine Million Euro wollten Herr und Frau Hoffmann ihr Paradies nicht zerstören lassen.

Herr Hoffmann setzte einen Protestbrief auf. Doch die Leute vom Bauamt zeigten kein Verständnis, sondern schickten die Leute vom Vermessungsamt. Ganz vorsichtig verrichteten die ihre Arbeit und konnten gar nicht verstehen, dass ausgerechnet hier die Straße entlangführen sollte.

Dann kamen die Herren vom Straßenbauamt persönlich. Sie wollten Herrn und Frau Hoffmann von der Wichtigkeit der neuen Straße überzeugen. Doch die Hoffmanns zeigten keine Einsicht.

Vier Wochen verstrichen, ohne dass sich irgendetwas ergab. Doch dann, an einem Montagmorgen um sieben Uhr dreißig, rückten Baufahrzeuge und jede Menge Bauarbeiter an.

Herr Hoffmann rief erschrocken: „Das können die doch nicht machen. Das ist unser Garten!" Frau Hoffmann fing an zu weinen. Schluchzend sagte sie: „Mach was, bitte, unternimm was!"

Herr Hoffmann nahm seine Frau an der Hand und lief mit ihr in den Garten. „Leg dich hin, hier neben die Windmühle. Ich lege mich neben den Leuchtturm." Da lagen die beiden und wollten den Baufahrzeugen trotzen.

Herr Hoffmann rief den Arbeitern zu: „Nur über meine Leiche und die meiner Frau!"

Plötzlich wurde es ganz still. Herr und Frau Hoffmann wagten nicht, die Köpfe zu heben, sie hielten die Luft an. Dann wurde die Stille von einem Chor unterbrochen. Der Menschenchor rief. „Tata, tata! Überraschung!"

Die Hoffmanns sprangen auf und sahen, dass alle Nachbarn am Zaun standen. Einer von ihnen wedelte mit einem Brief und rief: „Überraschung! Wir haben uns alle zusammengetan und der Stadt einen Vorschlag gemacht. Jeder von uns gibt ein Stück Garten ab, und die Umgehungsstraße kann gebaut werden. Nur ein paar Meter weiter. Na, ist die Überraschung gelungen?"

Und ob sie gelungen war. Das Zwergenparadies war gerettet und die Glückseligkeit der Hoffmanns dazu. So gute Nachbarn sind nicht mit Gold aufzuwiegen.

Die Riesengurke

In einem Kleingartenverein am Rande der Stadt gab es dreißig wunderbare Gärten. Jedes Jahr wurden vom Verein Preise für die schönsten Kürbisse vergeben. Alle Gärtner wollten natürlich gerne einen Preis gewinnen.

Georg und Irene besaßen ihren Garten schon seit zwanzig Jahren. Vom Frühling bis in den späten Herbst waren sie täglich dort. Ein idyllisches Fleckchen Erde hatten sie sich dort geschaffen: mit Blumen, einem kleinen Teich, etwas Gemüse und Erdbeeren. Eine Laube besaßen sie auch, Irene hatte sie gemütlich eingerichtet. Es gab darin eine kleine Wohnküche, einen Tisch, ein paar Stühle, einen gemütlichen Sessel und sogar ein Schlafsofa. Und wenn die beiden mal nicht nach Hause wollten, dann kuschelten sie sich eng auf dem Sofa zusammen und schliefen dort in der Gartenlaube.

Georg kümmerte sich Jahr für Jahr um die Kürbisse

für den Wettbewerb. Er hegte und pflegte sie, düngte und wässerte sie. Wenn sie staubig waren, putzte er sie mit einem Staubtuch blank. Vor zwei Jahren hatte er auch schon mal einen Preis gewonnen. Da hatte er den dritten Platz belegt und einen kleinen Grill gewonnen. Den brauchte er allerdings nicht, weil er schon einen besaß. In diesem Jahr wollte er unbedingt den ersten Preis ergattern. Georg war sehr ehrgeizig.

Irene kümmerte sich um das restliche Gemüse und um das Erdbeerbeet. Sie wollte unbedingt einmal Gurken haben, um sie später einzulegen. Mmhh, leckere saure Gewürzgurken – die mochte sie gern! Deshalb vergrößerte sie ihr Gemüsebeet und war gespannt, wie die Gurken gedeihen würden.

Die Pflanzen waren kräftig, die Gurken wuchsen gut. Eine von ihnen wuchs sogar besonders gut. Sie wurde immer größer, immer dicker, immer länger. Man konnte förmlich zusehen, wie dieses Prachtexemplar sich zu einem Riesenexemplar entwickelte. Irene staunte.

Georg schmunzelte: „Du willst wohl unseren Wettbewerb mit einer Gurke gewinnen."

„Warum nicht?", meinte Irene nur.

Die Gurke wuchs noch einmal um das Doppelte und war nun schon einen Meter lang.

„Ein ziemlich großes Gewürzgürkchen hast du da", meinte Georg eines Morgens, als er wieder einmal seine Kürbisse betrachtete. Fünf Kürbisse hatte er zu richtig dicken Exemplaren herangezogen. Er überlegte nun, mit welchem er auf die Ausstellung gehen sollte. Es war nun

Donnerstag, und am Samstag sollte die Preisverleihung sein. Er musste sich langsam entscheiden.

Georg begab sich auf die Knie, um mit einem Maßband den Umfang zu messen. Plötzlich ertönte ein fürchterlicher Schrei, gefolgt von einem unanständigen Fluch, und dann ein zerknirschtes: „O nein, nein, nein!"

„Was ist los?", rief Irene und kam schnell herbei.

Georg hielt ihr einen Kürbis entgegen: „Wurmbefall, überall Würmer! Damit kann ich nicht zur Ausstellung. Alle haben Würmer, und ich habe nichts gemerkt." Betrübt verzog er sich in die Laube und kam nicht mehr heraus. Er legte sich auf das Sofa und schlief traurig ein. Er schlief und schlief … zwei Tage lang. Vor lauter Kummer wollte er gar nicht mehr aufstehen.

Am Samstagmorgen betrachtete Irene ihre Riesengurke, die inzwischen einen Meter und zehn Zentimeter lang war. Sie streichelte sie zärtlich, dann schnitt sie die Gurke kurzerhand ab. Sie putzte und polierte sie, klemmte sie unter den Arm und marschierte mit der Gurke zur Kürbisausstellung. Als Irene die Gurke auf den Tisch mit der blauen Samtdecke zu all den Kürbissen legte, staunten die Herren Schiedsrichter nicht schlecht. Auf der Stelle vergaßen sie alle Kürbisse. Die Gurke wurde begutachtet und bekam die ganze Aufmerksamkeit, denn so etwas hatten die Gärtner noch nicht gesehen.

Und was soll ich Ihnen sagen? Irene gewann mit ihrer Gurke den ersten Preis, einen Gutschein im Werte von hundert Euro für einen Einkauf im Gartencenter.

Georg bekam den Mund nicht mehr zu, als er das hörte. Er war so stolz auf seine Frau! Und das Beste war: Für das kommende Jahr wurde nicht mehr der schönste und größte Kürbis gesucht, sondern die schönste und größte Gurke. Na, das sollte Irene doch leichtfallen.

Mittagessen aus dem Garten

„Oma, ich habe Hunger!", rief die kleine Linda und öffnete den Kühlschrank. „Ach, der ist ja leer, wir müssen einkaufen gehen", meinte sie und blickte die Oma auffordernd an.

„Nein, Linda, wir brauchen nichts einzukaufen", sagte Oma Hiltrud. „Komm, wir gehen in den Garten. Da werden wir bestimmt etwas finden, aus dem ich etwas Leckeres zaubern kann."

Sie hängte sich ein Weidenkörbchen über den Arm und nahm Linda an die Hand. Die beiden marschierten zur Tür hinaus.

Linda meinte: „Im Garten einkaufen und nicht bezahlen, das ist praktisch." Die Oma lachte.

Bis zum Garten mussten die beiden ein paar Schritte laufen. Es ging erst durch den Hof, da gab es Fahrradständer und eine große Wiese zum Spielen oder Wäschetrocknen. Dahinter lagen die Gärten. Zu jeder Wohnung gehörte ein kleines Stück Land.

Linda und Oma Hiltrud kamen bei dem alten Herrn Funke vorbei. Herr Funke hielt Hühner in seinem Garten und hatte stets ein Pfeifchen im Mund. Das Pfeifchen wackelte in seinem Mundwinkel, als er rief: „Frische Eier gefällig? Sechs Stück gegen einen Kopf Salat von Ihnen."

„Prima, wir kommen gleich", antwortete Oma Hiltrud.

Im Garten angekommen, schaute sich Hiltrud prüfend um. Sie sagte: „Wir könnten eine gute Gemüsesuppe kochen, oder wir machen uns Bratkartoffeln mit Spiegelei, denn die Eier bekommen wir ja gleich auch noch. Dazu machen wir uns einen frischen Möhrensalat. Was meinst du, Linda?"

„Ich möchte lieber Bratkartoffeln", sagte Linda freudig.

„Gut, dann buddel mal die Kartoffeln aus, so zehn Stück brauchen wir schon. Ich ziehe die Möhren aus der Erde", sagte Hiltrud und strich sich eine Haarsträhne aus der Stirn. Kartoffeln und Möhren wanderten in den Korb.

„Wir brauchen noch eine dicke Zwiebel für die Bratkartoffeln", meinte Oma Hiltrud und Linda buddelte die Zwiebel aus. Dann schnitten sie noch einen dicken grünen Salatkopf für Herrn Funke ab.

In der Küche machten sie sich gleich an die Arbeit. Linda putzte die Möhren und Oma Hiltrud raspelte sie. Eine Marinade aus Essig und Öl, Salz, Pfeffer und Zucker kam dazu. Gut vermengen, ziehen lassen, fertig.

Oma Hiltrud schälte die Kartoffeln und Linda pellte die Zwiebel ab. Etwas Öl in die Pfanne, heiß werden lassen, Kartoffelscheiben dazu, etwas später die Zwiebelringe und öfter wenden. Schön mit Salz und Pfeffer würzen, etwas Paprikapulver für eine schöne Farbe. Zum Schluss die Spiegeleier brutzeln. Das konnte Linda schon alleine. Dann alles auf Tellern verteilen. Fertig!

Gemütlich saßen die beiden am Küchentisch und verputzten alles. Linda meinte: „Das war toll, Oma. Und morgen kochen wir Gemüsesuppe."

Oma Hiltrud nickte. Sie war froh, dass ihrer Enkelin so ein gesundes Essen aus dem Garten schmeckte.

Was gibt es Neues, Frau Nachbarin?

Wenn die Männer noch auf der Arbeit waren und die Frauen die Hausarbeit fertig hatten, gingen sie in den Garten. Dann gab es immer viel zu erzählen, denn die Frauen tauschten täglich ihre Neuigkeiten aus. Es wäre ja gelacht, wenn eine von ihnen mal nichts zu berichten hätte.

Frau Baumanns Garten lag am günstigsten, an ihn schlossen sich gleich drei Nachbargärten an. Und zum vierten hin trennte nur ein schmaler Trampelpfad die Grundstücke. Frau Baumann konnte sich also bequem in alle Richtungen hin unterhalten.

Es war ein schöner Sommertag, als Frau Baumann mit einer Thermoskanne Kaffee in ihren Garten ging. Es war dreizehn Uhr, die Hausarbeit war getan und das Essen stand im Ofen. Sie schaute sich um. Aha, da saß ja auch schon Frau Wagenknecht in ihrem Liegestuhl. Frau Baumann eilte zum Zaun und machte sich durch Armrudern bemerkbar. Damit sie auch wirklich gesehen wurde, rief sie noch laut „Hallo, Frau Wagenknecht!" hinterher.

Sofort eilte Frau Wagenknecht herbei und fragte: „Haben Sie schon das Neueste von Herrn Hufschmied gehört?"

„Nein, erzählen Sie mal", antwortete Frau Baumann neugierig.

Frau Wagenknecht erzählte: „Der Herr Hufschmied hat sich einen Hund zugelegt, damit er mehr Bewegung hat. Aber wenn Sie mich fragen – davon nimmt er auch nicht ab."

Frau Baumann hatte interessiert zugehört und meinte: „Na, hoffentlich macht der Hund uns hier nicht alles voll."

Inzwischen war Frau Krebs dazugekommen. Sie hatte Kuchen dabei und reichte den Nachbarinnen je ein Stück über den Zaun. Auch sie wusste etwas Neues: „Heute Morgen habe ich erfahren, dass Herr Erdmann sich ein Bein gebrochen haben soll. Was muss er auch immer in aller Herrgottsfrühe einen Waldlauf machen. Er soll gestolpert sein."

Frau Baumann lachte. „Geschieht ihm recht, dem

Angeber. Der alte Schnösel tut gerade so, als wäre er der Schönste hier."

Um vierzehn Uhr kam Frau Süßholz dazu. Sie stellte sich an den Zaun und sagte: „Haben Sie schon gehört, dass Herr Müller in den Urlaub gefahren ist? Er soll in den Bergen sein, zum Kraxeln und so."

„Na, hoffentlich bricht er sich nicht auch noch ein Bein", meinte Frau Baumann. Sie biss in den Kuchen und sagte mit vollem Mund: „Lecker, das Rezept müssen Sie mir bei Gelegenheit mal geben. Aber was anderes … Haben Sie heute schon Frau Schulte gesehen? Die hat sich die Haare rot gefärbt. Um Himmels willen, die sieht jetzt aus wie ein Feuermelder." Die Frauen lachten.

Frau Süßholz meinte: „Wenn doch der Herr Müller in Urlaub ist, was wird dann aus seinen Äpfeln? Sollen wir uns die Äpfel holen? Sonst vergammeln sie noch."

„Gute Idee", kam es, wie aus der Pistole geschossen, von den anderen. Und sogleich gingen die Frauen mit einem Weidenkorb in Herrn Müllers Garten. Munter plaudernd pflückten sie die dicken roten Äpfel.

Plötzlich ertönte eine Männerstimme: „Meine Damen, darf ich fragen, was Sie da machen?"

Erschrocken blickten die Frauen auf und sahen direkt in Herrn Müllers Gesicht. Keine hatte ihn kommen hören. Stotternd und aufs Äußerste verlegen entschuldigten sie sich. Sie wären doch im Glauben gewesen, er sei in den Bergen und die Äpfel würden verderben. Apfelmus und Apfelkuchen wären doch zehnmal besser als faules Fallobst.

Herr Müller sagte schmunzelnd: „Ja, ja, das Getratsche. Bevor Sie über andere reden, sollten Sie sich erst richtig informieren. Ich fahre nämlich erst im nächsten Monat in Urlaub. Und Herr Erdmann hat sich einen Arm gebrochen, nicht das Bein … Aber wenn Sie mir davon einen Kuchen backen, dann können Sie die Äpfel gerne behalten."

Die Frauen eilten nach Hause. Frau Krebs backte sogleich einen Kuchen für den Nachbarn, Frau Baumann kochte Apfelmus, und Frau Süßholz und Frau Wagenknecht entsafteten die restlichen Äpfel und brachten Herrn Müller zwei große Flaschen Apfelsaft vorbei.

Rategeschichten

Der Dieb

Im schönen Monat Mai zeigte sich der Frühling von seiner besten Seite. Vom wolkenlosen blauen Himmel schien die Sonne warm und golden auf Elli hinab, die gemütlich auf ihrem Balkon saß. Auf dem kleinen Tischchen lag ein Schreibblock. Elli schrieb ein Gedicht:

Frühling, du bist meine liebste Zeit,
komm und mach dich warm in meinem Herzen breit.
Lieber Frühling, lass die Herzen glühen,
lieber Frühling, lass die Blumen blühen,
lass das Obst und das Getreide reifen,
lass den Regen die Erde streifen …

Verträumt sah Elli hinauf in die Bäume, deren Blätter schon grün leuchteten. Ein Elsternpaar hatte sich dort im Wipfel ein Nest gebaut. Es sah ganz so aus, als würden die Vögel schon ihre Jungen füttern. Sie beobachtete das emsige Treiben und überlegte dabei den nächsten Reim.

Elli schrieb gerne Gedichte. Alle ihre Gefühle konnte sie darin den Menschen mitteilen. Während sie nachdachte, wie das Frühlingsgedicht weitergehen sollte, streifte sie ihren Fingerring ab. Er drückte ein wenig und sie legte ihn sorgfältig neben den Schreibblock. Dann stand sie auf und ging in die Küche, um sich etwas zu trinken zu holen, denn sie hatte Durst.

Sie trank einen Schluck roten Früchtetee, den sie schon am Morgen gekocht hatte. Plötzlich fiel ihr Blick auf ihre Geldbörse. Ich muss doch mal nachsehen, wie viel Geld ich noch habe, dachte sie. Vielleicht reicht es noch für einen Besuch in der Eisdiele?

Elli öffnete die Geldbörse und zählte ihr Geld. Sie nahm einen 5-Euro-Schein und einige Münzen heraus, insgesamt 12 Euro. Das war mehr als genug für einen Eisbecher. Sie nahm das Geld und ging zurück zum Balkon, legte es auf den Tisch, setzte sich wieder und griff nach dem Bleistift. Nanu, dachte sie, irgendetwas ist anders. Da fehlt doch etwas auf dem Tisch.

Elli überlegte. Richtig, der Ring war verschwunden. Aufgeregt schaute sie umher, sah unter dem Tisch nach und suchte den Balkonboden ab. Bin ich denn schon so schusselig, überlegte sie und lief zurück in die Küche, um dort zu suchen. Sie schaute in der Geldbörse und auf der Vitrine nach – doch der Ring war nicht dort. Verwirrt ging sie zurück zum Balkon und wollte in Ruhe nachdenken.

Da stimmte doch schon wieder etwas nicht! Elli war sich ganz sicher, dass sie 7 Euro Kleingeld auf den Tisch gelegt hatte. Jetzt fehlte ein 2-Euro-Stück. Ja, spukt es denn hier?, dachte Elli und zählte noch einmal nach. Die 2 Euro waren und blieben verschwunden.

Nachdenklich sah sie zum Baumwipfel hinauf und schaute den Elstern zu. Es konnte doch niemand auf ihren Balkon steigen. Sie wohnte in der zweiten Etage. Und überhaupt – ein Einbrecher hätte doch sicher das ganze Geld genommen.

Sie grübelte und fragte sich: Wer war der Dieb?

Der verlorene Regenschirm

Angela saß traurig in der Küche. Vor ihr stand eine Tasse Kaffee, der schon längst kalt geworden war. So sehr war sie ins Grübeln vertieft, dass sie ihren Kaffee ganz vergessen hatte.

Angela hatte zu ihrem siebzigsten Geburtstag im Februar von ihrer Tochter einen Regenschirm geschenkt bekommen. Der Schirm war hellbraun und hatte einen großen bunten Pfau auf seinem Dach, ein goldenes Gestänge mit einem schönen, ebenfalls goldfarbenen Griff. Sie liebte diesen Regenschirm über alles. Auch wenn es nicht nach Regen aussah, hatte sie ihn immer dabei, denn sie benutzte ihn auch als Stütze beim Laufen.

Und nun war er weg, einfach nicht mehr da, weil Angela ihn irgendwo vergessen hatte. Aber wo? Deshalb grübelte sie schon eine Stunde über den Tag nach, an dem es passiert sein musste. Schritt für Schritt ging sie in Gedanken noch einmal alles durch. Also, es war am Dienstag gewesen …

Angela verließ das Haus schon frühmorgens, gegen acht Uhr, weil sie einen Arzttermin hatte. Beim Arzt hatte sie den Regenschirm die ganze Zeit bei sich, dass wusste sie.

Gegen neun Uhr dreißig ging sie in den Supermarkt. Während des Einkaufens hängte sie den Schirm an den Einkaufswagen. Zwei Äpfel, eine Birne und ein Liter Milch waren in der Einkaufstasche, die sie in der linken Hand trug, als sie das Geschäft verließ.

Dann lief sie zum Bäcker und kaufte sich einen Rosinenstuten, der gerade noch in die Tasche passte. Sie war sich sicher, dass sie den Schirm dabei noch in der rechten Hand hielt.

Anschließend ging sie ins Kaffeegeschäft, um frisch gemahlenen Bohnenkaffee zu kaufen. Sie stellte die Einkaufstasche ab, holte einen zweiten Beutel hervor, legte den Schirm auf die Ablage und traf Frau Müller. Sofort war sie in einen netten Plausch vertieft, es ging um Neuigkeiten aus der Nachbarschaft. Frau Schmidt zog aus und Herr Schulze fuhr in Urlaub. Interessant!

Angela bekam den Kaffee in einer Plastiktüte gereicht, die sie in dem zweiten Beutel verschwinden ließ. Den Beutel nahm sie in die rechte Hand und griff mit der linken Hand ihren anderen Einkaufsbeutel. Dann ging sie mit Frau Müller nach draußen, um das Gespräch fortzusetzen. Sie wollte keine wichtigen Neuigkeiten verpassen. Dabei erfuhr sie noch, dass Frau Becker sich den Knöchel verstaucht hatte und nun den ganzen Tag auf dem Sofa lag.

Danach war Angela noch in der Drogerie, um sich eine Nachtcreme zu kaufen. Anschließend ging sie nach Hause – in jeder Hand eine Einkaufstasche.

Wo hat Angela ihren Regenschirm vergessen?

Wo ist die Kaffeetasse?

Das Schönste am Tag war für Gustav die Tasse Kaffee am Morgen. Gustav war seit fünf Jahren Witwer und manchmal etwas schusselig. Hier und da verlegte er schon mal etwas oder er vergaß, sich zu rasieren. Aber kommen wir zur Sache.

An einem Freitagmorgen schüttete Gustav sich duftenden Kaffee in seine Lieblingstasse ein. Ein Stückchen Zucker dazu und etwas Milch, so schmeckte es ihm! Genüsslich nahm er einen Schluck. Dann wanderte er mit der Tasse ins Wohnzimmer.

Auf dem Wohnzimmertisch lagen noch die Fotos, der Klebstoff und das Fotoalbum vom Donnerstagabend. Er stellte die Kaffeetasse auf dem Tisch ab und nahm ein Foto in die Hand. Genau in diesem Moment klingelte im Flur das Telefon. Gustav nahm die Tasse mit und stellte sie auf den Schuhschrank.

Sein alter Freund Wolfgang war am Apparat. Die

beiden Freunde hatten fürs Wochenende einen Angelausflug geplant und es gab noch viel zu besprechen. Den Hörer am Ohr, die Kaffeetasse in der Hand, lief Gustav in die Küche. Er stellte die Tasse auf den Küchenschrank.

Gustav goss sich frischen Kaffee nach und nahm die Milch aus dem Kühlschrank. Er erklärte seinem Freund gerade, was er alles einpacken wollte, da klingelte es an der Haustür.

„Wer mag das sein?", brummte Gustav. Schnell stellte er die Milchtüte auf den Tisch, griff die Kaffeetasse und stellte sie in den Kühlschrank. Dann lief er, immer noch den Hörer am Ohr, zur Tür. Es war der Postbote. Gustav warf einen Blick auf die Post, legte sie auf dem Schuhschrank ab und wollte nach seiner Tasse greifen. Aber er griff ins Leere. Suchend blickte sich Gustav um.

Er rief in den Hörer: „Wolfgang, wo habe ich meine Kaffeetasse hingestellt?"

Am anderen Ende lachte sein Freund und meinte: „Ich kann doch nicht durch das Telefon gucken. Da musst du alter Schussel jetzt wohl suchen."

Gustav, der immer noch den Hörer am Ohr hatte, machte sich auf die Suche.

Wo hatte er nur die Kaffeetasse hingestellt?

Wo sind die Ostereier?

Liesel saß am Küchentisch und schaute auf die bunt gefärbten Eier. Dann griff sie nach der Speckschwarte und rieb damit die Schale ein. Nun glänzten die roten, blauen, gelben und lilafarbenen Eier. Sie glänzten wie Opas Glatze.

Morgen war Ostersonntag, und da würde Tim, ihr Enkelsohn, zum Eiersuchen kommen. Liesel wollte einige Eier verstecken. Ein buntes, mit Süßigkeiten gefülltes Körbchen sollte ebenfalls in einem Versteck verschwinden. Liesel freute sich schon auf diesen Spaß.

Am Ostersonntag deckte Liesel den großen Küchentisch. Bald hatte sie eine wunderschöne österliche Kaffeetafel dekoriert. Überall standen Osterhasen, und an den Zweigen in der Vase hingen kleine bunte Ostereier.

Als Erstes wollte Liesel das Körbchen mit den Schokoladeneiern und einem Schokoladenosterhasen verstecken. Sie sah sich in der Küche um. Wo konnte sie das Körbchen hinstellen, damit man es nicht gleich sah? Schließlich stellte sie es ins Spülbecken und legte ein Trockentuch darüber. Als Nächstes suchte Liesel sich acht Eier aus und blickte sich wieder in der Küche um. Es sollten richtig gute Verstecke sein. Zwei rote Eier legte Liesel schmunzelnd in die Trommel der Waschmaschine. Zwei blaue Eier legte sie in den Backofen. Zwei gelbe Eier legte sie in die Obstschale zu den Äpfeln. Zwei lila gefärbte Eier versteckte sie hinter dem Wasserkessel auf dem Herd.

Zwei Stunden später stürmte Tim in die Küche und entdeckte mit leuchtenden Augen zuerst das Körbchen im Spülbecken. Dann fand er die beiden lilafarbenen Eier hinter dem Wasserkessel. Als Nächstes entdeckte er die gelben Eier in der Obstschale. Auch die zwei blauen Eier hatte er schnell gefunden.

Liesel erklärte ihm, dass der Osterhase noch zwei rote Eier versteckt hätte. Und die müssten unbedingt noch gefunden werden. Tim suchte in allen Ecken, schaute in jeden Schrank, er kroch auf allen vieren durch die Küche, er reckte und streckte sich, doch er fand die beiden roten Eier nicht.

Wo hatte Liesel die roten Eier versteckt?

Alltagsgeschichten

Auf nach Holland!

Meine Frau Gerda und ich, der Hannes, wollten gerne noch einmal mit unserem Wohnmobil in Urlaub fahren. Das Wohnmobil war schon alt, fast so alt wie wir, und es rostete schon an manchen Stellen, genau wie wir auch. Aber es war noch fahrtüchtig, und darum wollten wir noch einmal damit auf Fahrt gehen. Wir beschlossen, am Samstag für 14 Tage nach Holland an die Nordsee zu fahren. Sogleich begann Gerda mit den Reisevorbereitungen.

Schon am Mittwoch packte sie Berge von Lebensmitteln in den Wagen. Ob sie wohl dachte, es gäbe in Holland keine Geschäfte?

Am Donnerstag waren die Kleider an der Reihe. „Gerda", sagte ich, „was packst du denn alles ein? Wir wollen doch keine vier Monate bleiben!"

Am Freitag trug sie unser Waschzeug ins Wohnmobil: Haarwaschmittel, Deo und Seife. Anschließend grübelte sie stundenlang, ob sie auch an alles gedacht hatte. Der Wagen war proppenvoll. Lebensmittel für 6 Personen und Duschseife mindestens für ein Jahr.

„Gerda", sagte ich, „jetzt ist der Wagen so schwer, dass wir nur noch im Schneckentempo fahren können."

„Hannes", sagte sie, „wir haben doch Zeit."

Am Samstagmorgen schien die Sonne, genau das richtige Wetter, um in Urlaub zu fahren. Schon früh um sieben Uhr fuhren wir los.

„Gerda", sagte ich, „nimm bitte die Straßenkarte und sag mir, wo es langgeht und wann wir auf die Autobahn müssen."

„Jetzt!", rief Gerda, und ich bog ab. Zwei Stunden später waren wir im Sauerland. Gerda hatte mich auf die falsche Autobahn gelotst und ich Dussel hatte es nicht gemerkt.

„Hannes", sagte sie, „ich muss mal Pippi." Also hielt ich an einem Rastplatz an. Während Gerda auf dem WC war, kochte ich Kaffee, stellte zwei Klappstühle nach draußen und öffnete ein Paket mit Keksen.

„Hannes", rief sie, als sie wieder zurückkam, „es ist schön hier!" Das fand ich auch. Die Sonne schien warm und wir tranken gemütlich Kaffee. Wir beschlossen, erst am nächsten Tag zurückzufahren.

Also ging es am Sonntagmorgen erneut los. „Gerda", sagte ich, „pass gut auf, wir müssen nach Holland, Richtung Amsterdam."

„Bleib mal ganz ruhig", sagte Gerda, „ich werde schon aufpassen." Drei Stunden später waren wir in Bremen. Wir hatten uns wieder verfahren.

„Macht nichts", sagte Gerda, „Bremen ist schön. Ich möchte gerne die Bremer Stadtmusikanten sehen."

Also gut! Ich wollte nicht schimpfen, schließlich hatte ich ja selber auch nicht aufgepasst. Aber ich kaufte mir in

der Stadt so ein neumodisches Gerät, wo man den Ziel-
ort eintippt, und dann sagt es einem, wie man zu fahren
hat. Ja, ja, ich war ja auch nicht mehr der Jüngste …

Am Montag ging es erneut los. Ich schaltete das
Gerät ein und es sagte: Jetzt rechts fahren, nach 100
Metern links fahren, Sie müssen einen Kilometer gera-
deaus fahren und so weiter. Schließlich kamen wir tatsächlich nach Holland an die Nordsee, und der Urlaub
konnte beginnen.

Nach dieser Reise überlegte ich, ob ich nicht besser
meinen Führerschein abgeben soll. Schließlich reist man
mit dem Zug viel ruhiger und sicherer, und man landet
immer dort, wo man hinwill.

Frühstück im Café

Es war ein schöner Mittwochmorgen. Die Uhr zeigte gerade neun Uhr, also früh genug, um etwas zu unternehmen. Ich wollte mir heute mal etwas Gutes gönnen, sozusagen eine kleine Abwechslung im grauen Alltagseinerlei.

Und so beschloss ich, zum Frühstück in das neue
Café am Seniorenheim zu gehen. Anschließend wollte
ich einen Geschäftsbummel machen, um mir vielleicht
eine neue Bluse zu kaufen. Ich zog mich schick an, zog
meine Lippen ein wenig in einem zartem Rot-Ton nach
und marschierte los.

Das Café wirkte sehr einladend, es war nett eingerichtet, hell und sonnig. Ich suchte mir einen schönen Platz am Fenster. Die Bedienung war freundlich, und ich bestellte ein kleines Frühstück und ein Kännchen Kaffee. Ich freute mich, dass es mir so gut ging, und genoss jede Minute dieses kleinen Glückes.

Mein Frühstück wurde bald serviert, und ich ließ es mir schmecken. In diesem Moment kam ein Herr auf meinen Tisch zu. Er war groß und sah gut aus. Sein hellgrauer Anzug passte wunderbar zu seinen silbergrauen Haaren.

Er fragte mich, ob er sich zu mir setzen dürfte, weil er Gesellschaft liebt und nicht gern allein frühstückt. Ich konnte das gut verstehen, schließlich bin ich auch meistens allein zu Hause. Als er Platz nahm, stellte er sich mit Namen vor. Er hieß Erich. Mein Herz begann plötzlich wild zu schlagen – er sah aber auch wirklich gut aus!

Zusammen ließen wir es uns gut schmecken. Wir plauderten munter, und ich erfuhr, dass Erich ganz in meiner Nähe wohnte, verwitwet war, genau wie ich, und dass er ein pensionierter Gärtner war. Da ich Blumen liebe, war für Gesprächsstoff gesorgt.

Wir bestellten nach dem Frühstück noch Apfelsaft, dann einen Eisbecher und eine Stunde später noch ein Stück Kuchen. Schließlich konnten wir nicht einfach nur so herumsitzen, ohne etwas zu verzehren.

Wir bemerkten, dass auf den Tischen gelbe Schilder standen mit dem Aufdruck „Einladung zum Tanztee am

Samstag". Erich fragte mich auch prompt, ob ich Lust hätte, mit ihm zusammen daran teilzunehmen. Nun schlug mein sechsundsiebzigjähriges Herz noch heftiger. Ich wollte nach dem Schild greifen, aber dummerweise stieß ich dabei mein Glas Apfelsaft um. Das Getränk ergoss sich über den Tisch, bahnte sich den Weg zur Tischkante und floss schließlich auf Erichs Hose. O Schreck, wie war mir das peinlich! Aber Erich lachte nur.

Ich griff in meiner Not nach einer Serviette und reichte sie ihm. Evelyn, sagte ich zu mir selbst, du bist doch keine achtzehn mehr! Erich meinte schmunzelnd, er hätte noch eine Hose zum Wechseln, und somit war der Tanztee gerettet. Ich sagte zu und freute mich königlich auf den Samstag. Wir tranken noch ein Gläschen Sekt, bevor wir nach Hause gingen. Jetzt fiel uns der Abschied nicht so schwer, denn wir sahen uns ja bald schon wieder.

Die Marktschreier

Eine seiner Lieblingsbeschäftigungen ist es, am Freitagmorgen zum Markt zu gehen. Seit Friedhelm Rentner ist, nimmt er seiner Frau Luzie gerne mal die Einkäufe ab. Freitags gibt es immer frischen Fisch zum Mittagessen und den sucht er am liebsten selbst aus.

An einem Freitag im August war jedoch alles anders.

Für diesen Tag waren die Marktschreier angekündigt, und auf dem Markt wurde ein buntes Programm veranstaltet. So hatte es auch in der Tageszeitung gestanden.

„Ich komme mit zum Markt", sagte Luzie zu Friedhelm. „Ich will auch die Marktschreier sehen und hören und ein bisschen Spaß haben." Also nahmen die zwei um zehn Uhr ihren Einkaufswagen und marschierten los.

Reges Treiben empfing sie auf dem Marktplatz, der ganze Stadtteil schien auf den Beinen zu sein. Von allen Seiten hörte man die lauten Rufe der Marktschreier. Es gab den Wurst-Otto, den Käse-Michel, den Fisch-Hannes und den Nudel-Fritz. Ach ja, und der Kuchen-Maxe stand auch noch da. Wie konnte ich den vergessen? Luzie steuerte sofort auf ihn zu. Kuchen ist nämlich ihre Leidenschaft und das sieht man ihr auch an. Aber Friedhelm liebt die kleinen Pölsterchen an seiner Frau.

Der Kuchen-Maxe rief lauthals: „Und hier haben wir noch einen Gugelhupf, der kommt auch noch in die Tüte ... und eine Packung Butterkekse. Aber das ist noch nicht genug, meine Damen, ich lege noch einen Sandkuchen obendrauf. Und heute – nur heute – gibt es für Sie, meine Damen, für ganze 10 Euro noch Schokoladenwaffeln zum Kaffee." Er überreichte die volle Tüte einer Kundin.

„Ich möchte auch Kuchen", sagte Luzie. Sie sah auch schon ganz hungrig aus. Also hielt Friedhelm 10 Euro hoch und wedelte mit dem Schein. Sofort machte sich der Marktschreier an die Arbeit und rief: „Für die netten Herrschaften heute eine besondere Tüte! Und alles für 10 Euro!" Er packte so viel ein, als ob die beiden ganz verhungert wären.

„Oje", sagte Luzie, „das ist mir ja peinlich. Wenn ich das gewusst hätte ..."

Inzwischen war es elf Uhr, und Friedhelm wollte zum Fischstand. Dort gab es Räucherfisch, und der roch so gut! Friedhelm wedelte diesmal mit 20 Euro.

Der Marktschreier legte los: „Die Dame und der Herr wünschen Fisch, also gut aufgepasst. Hier habe ich einen Aal, gestern schwamm er noch im Fluss, ich habe ihn selbst geangelt. Dann kommt noch eine Forelle in die Tüte und eine leckere Makrele. Aufgepasst, meine Damen und Herren, hier lohnt es sich! Kommen Sie zum Fisch-Hannes, und Sie werden satt."

Friedhelm nahm eine dicke Tüte in Empfang. Der Einkaufswagen war schon randvoll, doch Luzie meinte: „Jetzt möchte ich nur noch schnell etwas Wurst kaufen." *Etwas* Wurst, wohlgemerkt, aber schließlich hatte Luzie für 10 Euro eine stattlich volle Tüte mit Salami, Mettwürstchen, Bierschinken, Putenwurst und 6 Wiener Würstchen.

Sie machten sich auf den Heimweg. Luzie zog den schweren Einkaufswagen, Friedhelm schleppte die Wursttüte. 40 Euro hatten sie ausgegeben, und Friedhelm brauchte wenigstens vier Wochen nicht mehr einkaufen zu gehen. Und genau das ärgerte ihn am meisten.

Die Waschmaschine

Meine Frau Inge musste für acht Tage ins Krankenhaus. „Ernst", hatte sie zu mir gesagt, „ich habe für ein paar Tage vorgekocht. Du brauchst dir das Essen nur aufzuwärmen. Der Kühlschrank ist voll, es kann also nichts schiefgehen." Dann hatte sie ihre Tasche gepackt, und ich fuhr sie zum Krankenhaus.

Nun war ich ein Strohwitwer, wie man so schön sagt, und nach fünfzig Jahren Ehe zum ersten Mal allein. Bald schon wurde es mir langweilig. Da beschloss ich, die Wohnung auf Hochglanz zu bringen, den Wäschekorb zu entleeren und alles blitzsauber zu waschen. Allerdings hatte ich noch nie die Waschmaschine bedient. Ratlos saß ich davor und überlegte: Welchen Knopf musste ich drehen, welche Temperatur sollte ich einstellen? Und wo war das Fach, in welches das Waschpulver kam?

Ich stopfte erst einmal die Wäsche in die Trommel. Da gab es Socken, Unterhemdchen und Hosen, Pullover, ein Kleid und eine Tischdecke. Das Waschpulver schüttete ich gleich dazu, so war es da, wo es gebraucht wurde. Wie viel Pulver sollte ich nehmen? Es schien mir zu wenig, also schüttete ich noch eine beachtliche Menge dazu. Gut, dachte ich, jetzt die Schaltknöpfe. Es gab zwei davon, und ich drehte einfach drauflos, bis die Waschmaschine ansprang. Geschafft, dachte ich.

Als Nächstes holte ich den Staubsauger. Ich wollte nicht untätig herumsitzen. Es gab 3 Stufen an unserem

Sauger einzustellen. Ich wählte die dritte Stufe und fing mit dem Läufer im Wohnzimmer an. Der Läufer hat schöne lange Fransen, die meine Frau immer kämmt. Das wollte ich später auch machen, aber zuerst kam das Saugen.

Schwupp! Die Fransen verschwanden in der Saugdüse und kamen nicht mehr hervor. Sie hatten sich fest um die Bürste gewickelt. Ich musste das ganze Teil auseinanderschrauben, damit ich die Fransen wieder herausbekam. Leider rissen dabei auch einige Fransen ab, und das sah nun gar nicht gut aus.

Schwitzend eilte ich zur Waschmaschine, denn die gab so komische Geräusche von sich. O weh, ich bekam einen Schrecken. Die Maschine war kochend heiß und voller Schaum! Der Schaum quoll sogar oben an einer Stelle heraus. Nun wusste ich auch, wo das Waschpulverfach war. Verzweifelt drehte ich an den Knöpfen herum, die Maschine musste doch irgendwie zu stoppen sein. Geschafft! Jetzt musste ich nur noch herausfinden, wie man das Wasser abpumpte. Irgendwie gelang mir auch das.

Als ich die Waschmaschine öffnete, schlug mir heißer Dampf entgegen. Und was war das? Die Wäsche war ja völlig blau, so blau wie ein tiefer See. Daran waren wohl meine Socken schuld! Mit einer Grillzange holte ich die blauen Teile heraus und warf alles in die Badewanne. Das Kleid meiner Frau war um die Hälfte geschrumpft und völlig zerknittert. Wie sollte ich ihr das nur beibringen? Es war ihr Lieblingskleid!

Ich versuchte, einige Teile zu retten. Dann lief ich in die Stadt und kaufte meiner Frau ein neues Kleid. Ein noch viel schöneres, wie ich fand. Und ich hoffte sehr, dass sie mir verzeihen würde …

Der alte Schäfer

Bruno war alt geworden. Fünfzig lange Jahre war er mit seinen Schafen durch das Land gezogen, immer auf der Suche nach saftigen Weiden. Die vielen Jahre voller Verantwortung und harter Arbeit bei Wind und Wetter hatten seinen Rücken krumm gemacht.

Jeden Morgen begann Bruno den Tag mit einem Gebet. Er bat Gott, den Herrn, um Kraft für seine Arbeit. Kraft, noch viele Jahre durchzuhalten, noch vielen Schafen auf die Welt zu helfen und noch lange die Schafe scheren zu können. Sein Vertrauen auf Gott war grenzenlos – und die Liebe zu seinen Schafen ebenso.

Es war an einem Abend im August. Ein schwerer Tag lag hinter dem Schäfer. Bruno streichelte liebevoll seinen Hund und lobte ihn, denn er hatte wieder einmal wundervolle Arbeit geleistet. Ein Schaf kränkelte, und Bruno hatte den Tierarzt kommen lassen. Ein weiteres war ausgerissen, aber der treue Hund hatte es wieder zurück zur Herde getrieben. Bruno war erschöpft und sagte zu seinem Hund: „Ich glaube, ich muss die Schafe verkaufen. Ich schaffe das nicht mehr." Traurig schaute er hinauf in den Nachthimmel und sagte: „Meine Kraft ist zu Ende, Gott. Ich gebe auf."

Am nächsten Morgen erhob er sich mühevoll von seinem Lager. Er war bereit, die nötigen Schritte einzuleiten, um seine Herde zu verkaufen. Ob die Tiere etwas ahnten? Der Hund bellte, die Schafe blökten unruhig, irgendetwas war anders an diesem Morgen.

Bruno erschrak, als plötzlich ein Mann hinter ihm stand. Jung und kräftig war er, und auch er hatte einen Hund dabei. Der junge Mann sagte zu Bruno: „Tut mir leid, wenn ich dich erschreckt habe. Ich glaube, du kannst Hilfe gebrauchen. Wenn es dir recht ist, lass mich bei dir bleiben, denn ich möchte gerne Schäfer werden."

Bruno, der alte Schäfer, konnte es nicht fassen. Hilfe stand vor ihm, in Form eines kräftigen Mannes. Er würde seine Schafe behalten. Unendlich dankbar sagte er: „Dich schickt mir der Himmel!"

Da schmunzelte der Mann und sagte: „Es gibt dazu einen guten Spruch in der Bibel: ‚Der Mensch denkt sich manches aus, aber Gott lenkt seinen Schritt.'"

Die Augen des Schäfers leuchteten vor Freude.

Ein Spaziergang mit Möppel

An einem wunderschönen Sommertag machte ich einen Waldspaziergang mit meinem kleinen Hund Möppel. Unser Ziel war ein Gasthof im Wald an einem idyllisch gelegenen See. Den Weg kannten wir beide sehr gut, denn wir gingen ihn jeden Sonntag. Unterwegs wollte ich Beeren sammeln, um zu Hause leckere Frühstücksmarmelade daraus zu kochen. Anschließend wollten wir in dem netten Gasthof zu Mittag essen.

Wir schlenderten gemütlich den Waldweg entlang und bewunderten die Natur. In den Wiesen blühten Butterblumen, rechts und links von uns standen herrlich duftende Büsche. Die Bäume mit ihren tiefgrünen Blättern wiegten sich im lauen Sommerwind. Möppel sprang munter umher und jagte den Stöckchen hinterher, die ich für ihn warf.

Doch dann entdeckte ich Himbeersträucher, dicht bewachsen mit leckeren roten Früchten. In der Nähe floss ein kleiner Bach. Möppel rannte los, um im Wasser zu plantschen, und ich begann, die Beeren zu pflücken. Die Zeit verging, ich sah immer mehr Himbeeren und vergaß die Welt um mich herum. In Gedanken sah ich schon die leckere Marmelade vor mir. Bald hatte ich mein Körbchen voll.

Ich rief Möppel, um weiterzugehen. Ich rief ihn mehrmals, aber mein Hund kam nicht. Wo steckte er nur? Ich konnte ihn nirgendwo entdecken. Kreuz und quer lief ich durch den Wald, bald schmerzten mir die Füße.

Ich machte mir große Sorgen. Traurig ging ich weiter bis zum Gasthof und merkte nicht einmal, dass ich meinen Korb mit Himbeeren im Wald vergessen hatte.

Die Mittagszeit war längst vorbei, und ich setzte mich an einen Tisch. Die Wirtin kam sogleich heraus und fragte: „Sagen Sie mal ... Vermissen Sie denn nicht Ihren Hund? Der ist schon lange hier und spielt mit ein paar Kindern am See. Er hat sogar schon ein leckeres Mittagessen bekommen ..."

Uff, da fiel mir aber ein Stein vom Herzen! Möppel schien mich überhaupt nicht vermisst zu haben. Ich war überglücklich, ihn wieder bei mir zu haben.

Zusammen gingen wir in den Wald zurück, um mein Körbchen mit den Himbeeren zu holen. Schließlich wollte ich doch die Marmelade kochen.

Die verschwundene Brille

Es war gegen siebzehn Uhr, als ich nach Hause kam. Ich hatte Julia, meine Enkelin, nach Hause gebracht. Einmal in der Woche passe ich auf die Kleine auf, damit ihre Mutter arbeiten kann.

Weil es ein sonniger, warmer Tag war, hatte ich auf der Straße meine Sonnenbrille aufgehabt. Als ich wieder zu Hause war, sah ich mit der Sonnenbrille nichts mehr und setzte sie ab. Automatisch griff ich auf das Schuhschränkchen, um meine normale Brille aufzusetzen, aber da war nichts. Ich tastete weiter nach rechts, aber da war auch nichts. Dann schwenkte ich nach links und tastete erneut, aber da war wieder nichts.

War sie vielleicht heruntergefallen? Ich fuhr mit meinen Händen über den Fußboden, griff auch unter den Schuhschrank, aber da lag keine Brille. Mühsam rappelte ich mich wieder hoch und stöhnte dabei heftig, weil mir die Knie schon wehtaten.

Na, dann wird die Brille sicher auf dem Küchentisch liegen. Vorsichtig entlang der Wand tastend (denn ich sehe ohne Brille nicht viel), stolperte ich vorwärts. Ich befühlte den Küchentisch: Auch dort war keine Brille. Na, dann konnte sie doch nur auf dem Nachttisch liegen. Ich unternahm einen Hindernislauf ins Schlafzimmer, denn meine Enkelin hatte einiges von ihrem Spielzeug auf dem Boden liegen lassen. Als Erstes trat ich einer Puppe auf den Arm, oder vielleicht war es auch ein Bein. Zum Glück aus Gummi, alles blieb heil. Dann knirschte es unter meinem Schuh. Das war, glaube ich, ein Buntstift. Oder doch eine Salzstange? Nicht so schlimm! Als Nächstes kickte ich etwas Weiches durch das Zimmer. Aha, der Ball! Zum Glück stürzte ich nicht über die Spielsachen.

Die Stolpertour hatte ich leider umsonst gemacht, denn weder auf noch im Nachttisch war die Brille zu finden. Verzweifelt setzte ich mich auf den Bettrand und überlegte, wo ich meine Brille sonst noch hingelegt haben könnte.

Die Zeit verging, die Wohnzimmeruhr schlug siebenmal. Um zwanzig Uhr wollte ich die Nachrichten sehen. Mir fiel ein, dass ich im Wohnzimmer noch nicht nachgesehen hatte. Dort musste auch irgendwo noch eine alte Ersatzbrille sein.

Natürlich hatte ich das Spielzeug auf dem Weg zum Schlafzimmer nicht aufgesammelt. Also begann der Hindernislauf von vorne. Letztendlich fand ich meine Brille auch im Wohnzimmer nicht. Also die Ersatzbrille! Aber wo hatte ich die hingetan? Ich fand die alte Brille in einer Sammeltasse im Wohnzimmerschrank. Na endlich, aber viel sehen konnte ich damit auch nicht.

Als die Wohnzimmeruhr achtmal schlug, setzte ich mich erschöpft vor den Fernseher, um die Tagesschau zu sehen. In meinem Lieblingssessel, mehr hörend als sehend, verbrachte ich die nächste Stunde. Weil das sehr anstrengend war, beschloss ich, früh schlafen zu gehen. Im Bett überlegte ich, ob ich nicht gleich am nächsten Tag zum Optiker gehen sollte, um mir eine neue Brille anfertigen zu lassen. Aber vorher wollte ich doch noch einmal gründlich suchen, denn eine Brille kann ja schließlich keine Beine bekommen.

Früh am nächsten Morgen, um sieben Uhr, weckte mich das Telefon. Meine Tochter war am anderen Ende und verriet mir, dass Julia mich sprechen wollte. Julias Stimme klang seltsamerweise etwas schüchtern und leise: „Oma, ich habe gestern vergessen dir zu sagen, dass ich deine Brille versteckt habe. Hast du sie schon gesucht?"

„Ob ich sie gesucht habe? Ich habe mir bei der Suche bald die Beine gebrochen und mich am Türrahmen gestoßen! Aber ich habe sie nicht gefunden. Wo ist sie denn?"

„Auf der Fensterbank steht doch so ein großer viereckiger roter Blumentopf, dahinter liegt deine Brille. Oma, sei mir bitte nicht böse!"

„Nein, Julia, böse bin ich nicht, nur etwas ärgerlich. Aber ich bin froh, dass die Brille wieder da ist!"

Eine Minute später setzte ich erleichtert meine Brille wieder auf die Nase.

Der heimliche Dichter

Leo war ein heimlicher Poet. Er schrieb die schönsten Gedichte, doch kaum jemand wusste davon. Wann immer er konnte, saß er daheim an seinem Küchentisch und dichtete unterhaltsame, manchmal auch traurige Verse.

Diejenigen, die von seinem Hobby wussten, hörten ihm gerne zu, wenn er ausnahmsweise eines seiner Gedichte vortrug. Die Verse waren gut, und Leo las sehr schön vor. Doch gerade das tat er nicht gerne. Leo hatte Angst, nicht perfekt zu sein. Er geriet regelrecht in Panik, wenn er nur daran dachte. Deshalb behielt er sein Hobby lieber für sich und schrieb Jahr für Jahr immer mehr Gedichte, von denen niemand etwas wusste. Hunderte waren es bestimmt schon, wenn nicht noch mehr.

Leos Freund Otto wusste von den Gedichten. Und er fand es sehr schade, dass andere Menschen nicht in den Genuss dieser schönen Verse kamen. An einem Freitagmorgen überrumpelte Otto den Freund. Er sagte in einem Ton, der keine Widerrede zuließ: „Hör zu, Leo, morgen Nachmittag liest du bei uns im Seniorenheim den Bewohnern ein paar nette Gedichte vor. Sag nichts, ein Nein lasse ich nicht gelten. Morgen um fünfzehn Uhr bist du da!"

Noch ehe Leo richtig begriffen hatte, um was es da ging, war sein Freund gegangen. Leo schnappte nach Luft und sagte: „Ich brauche Hilfe." Er sah sich suchend um, aber da war niemand. Er setzte sich an den Küchentisch, und als ihm bereits der Angstschweiß ausbrach, faltete er die Hände und murmelte: „Lieber Gott, ich bin es, der Leo. Ich habe lange nichts von mir hören lassen und weiß gar nicht mehr, wie man ein Gebet spricht. Aber glaube mir, lieber Gott, ich bin in Schwierigkeiten. Ich bitte dich, mich von meinen Ängsten zu befreien."

Leo erzählte Gott alles. Und je länger er sprach, umso zuversichtlicher wurde er. In seinem Inneren machte sich ein Gefühl breit, das er noch gar nicht kannte. Warm und voller Liebe fühlte er sich, mutig und fröhlich, ja mit Gott verbunden.

Als er am nächsten Nachmittag vor dem Seniorenheim stand, blickte er in den Himmel und sagte leise:

„Schick mir bitte einen Engel, lieber Gott, der mir jetzt beisteht." Und dann ging er zum Vorlesen – es war das allererste Mal. Beim ersten Applaus kamen ihm fast die Tränen, so glücklich war er.

Von diesem Tag an ging Leo regelmäßig zum Vorlesen. Er freute sich sogar auf diese Zeit. Aber besonders freute er sich darüber, dass er Gott wiedergefunden hatte.

Geschichten über Puppen, Teddys und Stofftiere

Der verlorene Teddy

Immer in Bewegung bleiben! Wer rastet, der rostet, das ist mein Motto. Deshalb mache ich an jedem Nachmittag einen ausgedehnten Spaziergang. In der Nähe meiner Wohnung gibt es ein kleines Wäldchen. Ich gehe gern dorthin, denn da ist es angenehm ruhig und es gibt auch Bänke zum Ausruhen. Mitten im Wald liegt ein Teich mit Seerosen und Fischen. Diesen kleinen dunkelblauen See liebe ich sehr.

An einem warmen Frühlingstag marschierte ich wieder einmal los. Ich setzte mich auf eine Bank und ließ meinen Blick über den See schweifen. Die Seerosen würden bald blühen, und die Mücken tanzten bereits auf dem Wasser. Hin und wieder schnappte ein hungriger Fisch nach ihnen. Auf einmal blieb mein Blick an den Seerosen hängen, denn zwischen ihren Blättern schwamm etwas, was dort nicht hingehörte. Es war braun und pelzig. Was konnte das nur sein? Ein Tier? Es bewegte sich nicht.

Ich stand auf und trat etwas näher ans Wasser. Ohren ragten zwischen den Seerosen hervor. Ich beugte mich etwas vor. Soweit ich es erkennen konnte, schien der Rest ein Rücken und ein Po zu sein. Nun wurde ich noch neugieriger und suchte mir einen langen Stock. Mit dem stocherte ich im Wasser herum, bis sich der pelzige Gegenstand bewegte. Bald konnte ich ihn an Land ziehen.

Nanu, das ist doch ... also, das gibt es doch gar nicht ... Das ist ja ein Teddy! Wie kommt der denn hierher? Ich legte den Teddy zum Trocknen auf die Bank, direkt in die warme Sonne. Später machte ich mich mit ihm gemeinsam auf den Heimweg.

Ich kam an einem Bäckerladen vorbei. Dort fiel mir ein Schild im Schaufenster auf. Da stand: „Habe meinen Teddy verloren! Kann ohne ihn nicht schlafen. Er ist braun und hat einen weißen Fleck am Bauch." Ich schaute nach. Tatsächlich! Das musste der vermisste Teddy sein! Schnell notierte ich den Namen und die Telefonnummer. Ich wollte sofort anrufen, wenn ich zu Hause war.

Am späten Nachmittag kam dann ein Dreikäsehoch mit seiner Mama vorbei. Er war vielleicht fünf Jahre alt und blickte mich mit erwartungsvollen Augen an. Ich holte den Teddy, der noch nicht ganz trocken war, und legte ihn in seine ausgestreckten Arme. Er drückte ihn fest an sich und hauchte ein Dankeschön. Auch seine Mutter bedankte sich ganz herzlich bei mir für all die Mühe, die ich hatte. Nach zwei schlaflosen Nächten würde der Junge nun wohl wieder gut einschlafen können.

Nun, das kann ich gut verstehen. Ich hatte nämlich früher auch ein Kuscheltier, das ich immer mit ins Bett genommen habe. Dann fühlte ich mich nicht so allein.

Sie hatten bestimmt auch eins, oder?

Vom Himmel gefallen

Ulrich und Paula saßen gemütlich beim Picknick im Grünen. Sie hatten es sich auf einer Decke bequem gemacht und viele leckere Köstlichkeiten darauf ausgebreitet.

Ulrich biss gerade in einen knusprigen Hähnchenschenkel und Paula in einen saftigen, roten Apfel ... In dem Moment machte es *plumps* – und etwas fiel auf die Decke. Genau neben der Schüssel mit dem Kartoffelsalat landete ... ein Hase! Keine Angst, es war kein echter Hase, sondern einer aus Stoff oder Plüsch. Jedenfalls besaß das weiche Kuscheltier riesige Schlappohren und lag nun, alle vier Beine von sich gestreckt, neben dem Kartoffelsalat. Ulrich und Paula sahen sich erschrocken an und schauten nach oben. Über ihren Köpfen schwebte ein Ballon. Er flog so niedrig, dass man die Leute darin erkennen konnte.

Ein Kind winkte ihnen aus dem Korb zu und rief: „Mein Hase, mein Hase ist runtergefallen!"

Geschwind ergriff Paula den Hasen und winkte damit. Ulrich rief: „Er ist hier! Wir werden ihn für dich aufbewahren."

Langsam schwebte der Ballon weiter durch die Luft. Eine Frau beugte sich über den Korbrand und rief: „Bleiben Sie dort, wir holen den Hasen ab."

Paula winkte noch einmal mit dem Stofftier, dann verschwand der Ballon langsam hinter den Bäumen.

„Wer weiß, wo die landen werden", meinte Ulrich und kratzte sich am Kinn. Dann nahm er den Hasen in die Hand, grinste und schnitt ihm eine Grimasse.

„Ulrich", sagte Paula mahnend.

Stunde um Stunde verging. Es wurde 12 Uhr und niemand kam. Es wurde 13 Uhr. Es kam immer noch keiner. Um 13.30 Uhr sagte Paula: „Wir haben nichts mehr zu essen."

Um 14 Uhr fragte Ulrich: „Sollen wir noch länger warten? Die werden bestimmt nicht mehr kommen, oder?"

Paula meinte: „Warten wir noch eine halbe Stunde." Länger würde sie nicht mehr auf der Decke sitzen können. Der harte Boden machte ihr zu schaffen. Aber auch Ulrich bekam langsam Rückenschmerzen.

Plötzlich hupte in der Nähe ein Auto. Eine Kinderstimme war zu hören: „Hallo, wo seid ihr? Hallo, wo ist mein Hase?"

Ulrich und Paula riefen wie aus einem Mund: „Hier sind wir!"

Kurz darauf kam ein kleines Mädchen angestürmt und umarmte ihr Stofftier. Sie drückte den Hasen ganz fest an sich und fragte: „Hat er sich etwas gebrochen? Hat er eine Beule? Braucht er ein Pflaster?"

Paula meinte: „Keine Sorge, er ist ganz gesund und hat hier brav auf dich gewartet."

Dann wurde ein Erinnerungsfoto gemacht. Die Eltern des Mädchens luden Ulrich und Paula ein, die nächste Ballonfahrt mitzumachen. Doch ob die beiden sich trauen würden mitzufahren, das wussten sie noch nicht. Denn schließlich kann ja so einiges vom Himmel fallen …

Der Hauptgewinn

Im Sommer fand am Rande der Stadt ein großes Sommerfest statt. Fritz, ein Mann von ungefähr siebzig Jahren, wollte sich gern alles anschauen, und so machte er sich auf den Weg. Schon von Weitem roch es köstlich nach frisch gebackenen Waffeln und Kaffee. Mmh, die Waffeln musste Fritz unbedingt kosten. Er ging gleich ein bisschen schneller.

Auf dem Festplatz tummelten sich viele Menschen. Auch vor dem Waffelstand gab es eine lange Warteschlange. Bestimmt zwanzig Leute wollten eine Waffel kaufen. Deshalb ging Fritz erst einmal zur Tombola. Da konnte man viele schöne Dinge gewinnen.

Alle Preise waren mit Nummern ausgezeichnet. Eine

Schachtel Pralinen hatte die Nummer 10. Ein hübscher Kaffeebecher die Nummer 5, ein Ball die Nummer 15. Und dann gab es da noch einen riesengroßen Teddybär mit der Nummer 100. Das war der Hauptgewinn.

Fritz dachte bei sich: Eine Schachtel Pralinen wäre ganz nett – und er kaufte sich für 50 Cent ein Los. Er rollte es auf und lachte, denn er hatte die Nummer 100 gezogen. Nun raten Sie mal, was das war? Richtig, der Riesenbär.

Die Frau vom Tombolastand klatschte vor Vergnügen und drückte Fritz den Bären in den Arm. Er freute sich auch, aber jetzt hatte er keine Hand mehr frei, um sich eine Waffel zu kaufen und zu essen oder eine Tasse Kaffee zu trinken. Hilflos schaute er sich um.

Da sah er ein Mädchen, das bitterlich weinte. Der Kleinen war das Eis heruntergefallen. Fritz überlegte nicht lange und schenkte dem kleinen Mädchen seinen riesigen Teddybär. Das kleine Mädchen war kaum noch zu sehen hinter dem Bären! Aber was war das? Die Kleine hatte Angst vor dem Ungetüm. Sie weinte noch mehr und warf den Bären auf die Erde.

Oje, auch das noch, dachte Fritz. Er nahm den Hauptgewinn wieder an sich. Jetzt hatte er wieder keine Hand frei. Und die Waffeln dufteten doch so herrlich, der Kaffee roch so gut …

Da hörte er eine leise Stimme hinter sich sagen: „Oh, der ist aber schön." Fritz drehte sich um und sah einen Rollstuhl mit einem kleinen Jungen darin. Der streckte seine Hände sehnsüchtig nach dem Bären aus. Fritz war gerührt und setzte den Bären dem Jungen auf den Schoß. „Du kannst ihn haben, ich schenke ihn dir", sagte er freundlich.

Der Junge und seine Mutter bedankten sich herzlich. Die Mutter meinte: „Dafür spendiere ich Ihnen eine Waffel und einen Kaffee."

Nun hatte Fritz die Hände frei. Er hatte einen Jungen glücklich gemacht und bekam obendrein noch seine Waffel, ohne selbst anstehen zu müssen. Das nennt man Glück!

Ein Eisbär für Emma

Meine Enkelin heißt Emma, und sie ist letzte Woche fünf Jahre alt geworden. Zu ihrem Geburtstag wünschte Emma sich von mir ein Stofftier. Nicht *irgendein* Stofftier, sondern einen Eisbären, der genauso süß aussah wie der Knut im Berliner Zoo. Also kaufte ich einen schönen weißen Eisbären. Zu Hause platzierte ich ihn auf meinem Sofa und war sehr stolz, ein so schönes Stofftier bekommen zu haben. Ganz billig war der Eisbär auch nicht gewesen. Ich wollte ihn hübsch einpacken und mit einer Schleife verzieren.

Doch erst öffnete ich die Terrassentür, um die warme Frühlingsluft hereinzulassen. Sofort stürmte mein Hund Toby übermütig hinaus und sauste in den Garten. Dann kam er wieder zurückgeflitzt und rannte gleich wieder hinaus. Das macht er immer so. Rennen ist Tobys Lieblingsbeschäftigung.

Ich ging in die Küche, um Geschenkpapier zu holen. Mit einem bunten Bogen und rotem Schleifenband kam ich wieder zurück. Doch wo war der Eisbär? Er saß nicht mehr auf dem Sofa! „Mensch, Erna", sagte ich zu mir selber, „haste ihn vielleicht woanders hingelegt, oder biste schon schusselig?"

Ich überlegte. Außer meinem Hund war doch niemand in der Wohnung. Ich suchte in allen Winkeln und Ritzen, schaute unter dem Bett und sogar im Kühlschrank nach. Fassungslos setzte ich mich schließlich auf die Terrasse und blickte in den Garten. Die ersten Frühlingsblumen blühten und der Blütenduft stieg mir in die Nase.

Plötzlich sah ich auf einem Beet einen frischen Erdhügel. Nanu, sollte da ein Maulwurf sein Unwesen treiben? Und wieso lag mein Hund daneben? Mir schwante nichts Gutes.

„Toby", rief ich mahnend. „Du hast doch nicht etwa den Eisbären verbuddelt?" Entsetzt stürzte ich zu dem Beet und begann mit meinen Händen zu graben. Toby, meinem Hund, gefiel das gar nicht. Er bellte, was das Zeug hielt.

Nach zwei Minuten hatte ich den Eisbären ausgegraben. Aber fragen Sie nicht, wie er aussah: Aus dem Eisbären war ein Braunbär geworden, denn er war völlig verdreckt. Ich hielt ihn meinem Hund unter die Nase und schimpfte: „Zur Strafe bekommst du heute kein Leckerchen."

Der Eisbär kam gleich in die Waschmaschine. So konnte ich ihn erst am nächsten Tag als Geschenk einpacken. Ich glaube, Emma hat nichts gemerkt. Der Eisbär war ihr schönstes Geburtstagsgeschenk.

Das Findelkind

Ich heiße Ingeborg und bin gestern achtzig Jahre alt geworden. Seit zehn Jahren lebe ich in einem schönen großen Zimmer in einem Seniorenheim. Ich habe es mir dort mit meinen eigenen Möbeln und ein paar Lieblingsstücken gemütlich gemacht. Ein solches Lieblingsstück ist meine Puppe „Gabi". Ich habe sie nicht geschenkt bekommen und auch nicht gekauft. Nein, ich habe sie gefunden, sie ist also mein Findelkind. Ich will kurz erzählen, wie es dazu kam.

Als ich noch jünger war, fuhr ich einmal mit dem Zug nach Österreich in den Urlaub. Ich freute mich sehr. Endlich mal nicht hinter dem Ladentisch stehen und Wurst verkaufen!

Im Zug suchte ich mir ein Abteil, in dem es noch einen freien Platz für mich gab. Und ich hatte riesiges Glück, denn ich fand ein ganz freies Abteil.

Doch halt, was war denn das? *Ganz* frei war das Abteil nämlich nicht. Auf einem Platz am Fenster, ein wenig unter der Armlehne versteckt, saß eine Puppe.

Einsam und alleine fuhr sie in Richtung Österreich. Weit und breit war kein Kind zu sehen, dem die Puppe gehören konnte. Es war eine bildschöne Babypuppe. Jemand hatte ihr einen Strampelanzug gehäkelt. Jäckchen und Mützchen waren in einem zarten Rosa. Also ein Mädchen, dachte ich und nahm sie in den Arm. Sofort verliebte ich mich in dieses Puppenkind.

Doch sie gehörte mir nicht und darum bat ich den Schaffner um Rat. Der wollte die Puppe gleich mit ins Schaffnerabteil nehmen.

„Nein", protestierte ich, fast ein wenig zu laut. Der Schaffner zuckte mit den Schultern. Und so fuhr die Puppe erst einmal mit mir nach Österreich.

Am Bahnhof riet man mir, sie zur Fundstelle zu bringen. Dort werden alle im Zug liegen gebliebenen Sachen gesammelt. Das wollte ich auch nicht. Stattdessen behielt ich die Puppe, und so verbrachte mein Findelkind den ganzen Urlaub mit mir.

Wieder zu Hause angekommen, gab ich in der Tageszeitung eine Anzeige auf, um nach dem Besitzer der Puppe zu suchen. Doch es meldete sich niemand. Vielleicht hätte ich sie doch in der Fundstelle abgeben sollen? Wer weiß, wo die kleine Puppenmutti wohnte. Aber dafür war es jetzt zu spät, und deshalb bekam das Puppenkind einen Platz auf meinem Lieblingssessel.

Vierzig Jahre sind seitdem vergangen. Jetzt stehe ich vor einer wichtigen Entscheidung. In vier Tagen ist nämlich Weihnachten, und wir Bewohner vom Seniorenheim wollen anderen eine Freude machen. Wir alle haben ja noch so viele alte Schätze in unseren Zimmern verborgen, die woanders vielleicht noch gebraucht werden können. Heute Nachmittag wollen wir alles zusammentragen. Anschließend werden wir die Sachen auf einem Trödelstand verkaufen. Von dem Erlös kaufen wir Spielzeug und bringen es am Heiligen Abend in ein Kinderheim. Ist das keine gute Idee?

Ich habe mich entschlossen, meine Puppe mit in das Kinderheim zu nehmen. Und wenn sich dort ein kleines Mädchen darüber freut, freue ich mich auch. Dann werden es bestimmt fröhliche Weihnachten.

Ein Puppenwagen für Grete

Der Zweite Weltkrieg war zu Ende. Es kamen harte Nachkriegsjahre, keine Arbeit und wenig Geld. Das hieß: Entbehrungen an allen Ecken und Enden.

Aber ich besaß eine Puppe, und die war mein ganzer Stolz. Meine Mutter hatte sie für ein Päckchen Bohnenkaffee auf einem Bauernhof eingetauscht. Die Bäuerin freute sich über den Kaffee und ich mich über die Puppe. Ich nannte meine Puppe „Grete".

Meine Freundin, die Marie, besaß sogar zwei Puppen und obendrein noch einen wunderschönen Puppenwagen. Die eine Puppe war ein Mädchen und die andere ein Junge. Den Jungen hatte sie Robby genannt.

Obwohl ihm seine Männlichkeit fehlte, sah er wie ein Junge aus. Marie hatte ihm blaue Kleidung angezogen und seine Haare kurz geschnitten. Wahrscheinlich, weil sie sich immer ein Brüderchen gewünscht hatte. Die Familie war wohlhabend, und deshalb hatte Marie auch einen richtig schicken Puppenwagen. So einen hätte ich auch gerne gehabt.

Täglich gingen wir mit unseren Puppenkindern spazieren. Marie schob ihren Puppenwagen und ich trug meine Grete auf dem Arm. Eines Tages, es war ein sonniger warmer Herbsttag, fragte mich Marie, ob ich einmal meine Grete in den Wagen legen wollte. Nur mal so, meinte sie, um zu sehen, wie es aussieht. Na ja, ich wurde richtig neidisch, so schön sah es aus.

Der Herbst verging, und natürlich wünschte ich mir zu Weihnachten nichts sehnlicher als einen Puppenwagen. Einen Puppenwagen für Grete. Aber wir waren arm, und deshalb bekam ich nur eine Tafel Schokolade und einen selbst gestrickten Pullover.

Am 2. Weihnachtstag besuchte ich Marie. Mir fielen fast die Augen aus dem Kopf, als ich sah, dass sie einen neuen Puppenwagen bekommen hatte. Die Tränen stiegen mir in die Augen, am liebsten wäre ich fortgelaufen.

Plötzlich ging die Wohnzimmertür auf, und herein kam Maries Mutter. Vor sich her schob sie den anderen Puppenwagen. Sie kam direkt auf mich zu und sagte: „Der ist für dich, fröhliche Weihnachten!" Auf den weißen Spitzenkissen lag sogar ein neues Puppenkleid.

Während ich stolz mit meinem Puppenwagen nach

Hause lief, fielen die ersten Schneeflocken. Ich schaute zum Himmel hinauf und fragte mich in diesem Moment, ob meine Mutter wohl wieder ihren Bohnenkaffee dafür hergegeben hatte.

Ein Lausbubenstreich

Haben Sie früher als Kind auch einen Roller gehabt? Also, ich besaß einen wunderschönen roten Roller mit einem Gepäckträger. Und weil ich nie ohne meinen Teddy unterwegs war, kaufte mir meine Mutter ein Körbchen dazu. Es war ein Fahrradkörbchen für Puppen, das an meinen Rollerlenker passte. Was habe ich mich darüber gefreut! Ich setzte meinen geliebten Teddy hinein, und so konnte er überallhin mitfahren. Es gab damals noch nicht so viele Autos wie heute. Alles war viel ungefährlicher, daher durfte ich mit meinen sieben Jahren schon alleine im Dorf herumfahren.

An einem schönen, sonnigen Herbsttag rollerte ich zum nahe gelegenen Spielplatz. Die Blätter fielen schon von den Bäumen, und es raschelte, wenn ich durch das Laub fuhr. Ich erinnere mich noch an diesen Tag, als wäre es gestern gewesen. Ach, übrigens: Ich heiße Katharina und bin jetzt fünfundsiebzig Jahre alt. Aber jetzt wieder zurück zu meinem Roller ...

Auf dem Spielplatz traf ich meine Freundin. Ich stellte den Roller an einer Bank ab und lief zu den Schaukeln. Es war gerade noch eine Schaukel frei. Nach dem Schaukeln ging es ab in den Sandkasten. Meine Freundin hatte ihre Förmchen dabei und so backten wir die schönsten Kuchen: runde Sandkuchen, Kuchen, die wie Sterne aussahen, und Kastenkuchen. Die boten wir zum Verkauf an. Zwischendurch schielte ich immer wieder zu meinem Roller. Doch plötzlich war er weg! Er stand nicht mehr an der Bank. Der Roller mit meinem Teddy war verschwunden! Ich schrie wie am Spieß und lief weinend nach Hause.

Die tröstenden Worte meiner Mutter halfen nicht, und ich litt unsägliche Qualen. In der folgenden Nacht hatte ich Albträume, weil mein Teddy nicht bei mir war.

Am nächsten Morgen, ich wollte gerade zur Schule gehen, stand mein Roller vor der Haustür. Ich stolperte fast darüber. Auch mein Teddy saß, als wäre nichts geschehen, im Körbchen. Ein Zettel war auf dem Gepäckträger festgeklemmt. Da stand: „Ich wollte auch mal mit so einem schönen Roller fahren, darum habe ich ihn mir ausgeliehen. Entschuldigung und danke."

„So ein Lausbubenstreich!", schimpfte ich laut.

Und wissen Sie was? Heute, viele, viele Jahre später, sitze ich mit dem Lausbuben von damals im Garten auf einer Bank. Wir halten uns an den Händen, weil wir uns immer noch lieben. Auch nach fünfzig glücklichen Ehejahren.

Das Erntedankfest

Ich bin Pfarrer in einem kleinen Dorf mit 500 Seelen. Ganz idyllisch und verträumt liegt der Ort im Sauerland, inmitten von Feldern und Wäldern, die zum Wandern einladen.

Am 4. Oktober wollte ich mit meiner Gemeinde, mit allen großen und kleinen Leuten, das Erntedankfest feiern. Ich hatte alles gründlich vorbereitet. Im Gottesdienst sollte ein großer Gabentisch aufgebaut sein, auf dem jedes Gemeindemitglied eine Gabe ablegte. Ich dachte vor allem an Lebensmittel, die später an bedürftige Menschen gespendet würden. Nach dem Gottesdienst wollte ich mit allen Gästen fröhliche Lieder singen, Wettspiele machen, Kaffee trinken und Würstchen grillen.

Ich freute mich sehr auf dieses Fest und war glücklich, als viele mit gefüllten Händen zum Gabentisch gingen. Es waren so viele Spenden, dass ich kaum den Überblick behielt. Als der letzte Spender sich vom Tisch entfernte, sprach ich noch ein paar Dankesworte. Ich baute mich hinter dem Tisch auf und sagte: „Alle diese wunderbaren Sachen wollen wir den Bedürftigen spenden. Die herrliche Mettwurst, die Dose Pfirsiche, die Nudeln, den Käse, den Affen, die Kekse und den Schinken."

Die Gemeinde lachte, und ich muss ziemlich blöd ausgesehen haben, denn ich wusste nicht, warum gelacht wurde.

Moment mal, hatte ich „Affen" gesagt? Ich suchte mit meinen Augen den Tisch ab. Tatsächlich, da lag ein Affe. Ich hob das Stofftier hoch und fragte: „Wie kommt *der* denn hierher?"

Von irgendwo hörte man ein Stimmchen: „Das ist meiner. Ich will den Affen spenden, denn ich will auch Erntedank feiern und Kuchen essen."

Ich antwortete: „Aber den Affen können die armen Leute doch nicht essen, so wie die Nudeln und die Mettwurst."

Der kleine Steppke blickte mich stutzig an. „Dann komme ich und tausche ihn um." Er stürmte nach vorne zum Altar und zog aus seiner Hosentasche einen Dauerlutscher und drei Bonbons. Die legte er auf den Gabentisch. Dann streckte er die Hände aus, um den Affen entgegenzunehmen. Die Gottesdienstbesucher klatschten vor Vergnügen.

Der kleine Bursche war die Hauptattraktion des Nachmittags. Er bekam so viel Kuchen, wie er wollte, und am nächsten Tag stand er auch noch in der Zeitung.

Das war eine von vielen schönen Episoden aus meinem Leben als Gemeindepfarrer.

Der Ladenhüter

Walter Makowski besaß einen kleinen Laden in der Josefstraße. Freunde und Nachbarn nannten ihn liebevoll den Trödel-Walter. Der Laden war nicht groß, aber vollgestopft mit altem Kram. Kleine Möbelstücke, Lampen, Uhren, Porzellan und Spielzeug. Was andere nicht mehr wollten, nahm der Trödel-Walter und verkaufte es billig. Von morgens 9 Uhr bis abends 18 Uhr war er in seinem kleinen Laden zu finden. Immer freundlich, immer nett – und das schon fünfzig Jahre lang.

An einem kalten Wintermorgen Ende Dezember staubte Walter gerade mit einem Staubwedel seine Schätze ab. Liebevoll nahm er einen alten Teddy in die Hand. Der Bär besaß nur noch ein Ohr, ein einziges Auge und wirkte insgesamt ziemlich verschlissen, aber der Trödel-Walter liebte ihn. Schon seit zwanzig Jahren stand er in einer Ecke im Regal, er war also ein echter Ladenhüter! Doch an diesem Tag setzte Walter den alten Teddy ins Schaufenster. Gerade in dem Moment blieb draußen auf der Straße ein Mann stehen. Der Mann war etwa gleich alt wie der Trödel-Walter, so um die sechzig. Er blickte in das Schaufenster, kratzte sich am Kinn, dann schüttelte er ungläubig den Kopf und blieb noch eine Weile stehen. Anschließend ging er weiter.

Am nächsten Tag, es war ein Dienstag, blieb der Mann wieder vor dem Schaufenster stehen. Und wieder kratzte er sich am Kinn. Walter bemerkte, dass er den Teddy anstarrte.

Vier Tage lang ging das so, immer gegen 11 Uhr vormittags. Der Mann drückte seine Nase an der Schaufensterscheibe platt, und jedes Mal kratzte er sich bedächtig am Kinn.

An Silvester, also am letzten Tag des Jahres, stand der Mann wieder da. Walter Makowski plagte die Neugier, und er winkte den Mann herein. Freundlich fragte er ihn, woran er denn Interesse hätte.

Der Mann zögerte erst, aber dann sagte er: „Ich glaube, dass der alte Teddy dort im Fenster mal mir gehört hat. Ich glaube, ihn wiederzuerkennen, es ist der Teddy aus meiner Kinderzeit."

Walter holte den Teddy aus dem Schaufenster und reichte ihn dem Mann.

„Sehen Sie die kahle Stelle am Hinterkopf?", fragte der Mann.

„Ja, die sehe ich", meinte der Trödel-Walter.

„Da habe ich als kleiner Junge dem Teddy die Haare schneiden wollen. Ich war im Glauben, dass sie wieder nachwachsen. Was soll er denn kosten?" Dem Mann standen Tränen in den Augen.

„Ich schenke Ihnen den Teddy", sagte der Trödel-Walter. „Es kauft ihn sowieso niemand. Er ist ein Ladenhüter."

Der Mann erzählte: „Wissen Sie, ich habe ihn damals meinem kranken Freund geschenkt. Aber dann zog die Familie in eine andere Stadt, und ich habe meinen Teddy nie wiedergesehen. Ich war sehr traurig."

Walter sagte: „Ich habe ihn bei einer Haushaltsauflösung gefunden. Jetzt, seit ich Ihre Geschichte kenne, bin ich natürlich froh, dass ich ihn nie verkauft habe."

„Danke", sagte der Mann, bevor er ging.

Walter Makowski griff wieder nach seinem Staubwedel und seufzte. Aber diesmal vor Glück und Freude.

Erinnerungen

Als Kind habe ich mir einmal die Nase an einer Schaufensterscheibe platt gedrückt. Ich weiß noch genau, dass ich mir damals nichts sehnlicher wünschte als diese Puppe, die dort auf einem rosafarbenen Kissen lag. Sie hatte goldene Locken, trug ein weißes Spitzenkleid – und ich fand sie einfach wunderschön.

Als das Weihnachtsfest vor der Tür stand, malte ich auf meinen Wunschzettel diese Puppe, nur diese Puppe und nichts anderes.

Am Heiligabend lag dann wirklich genau diese Puppe unter unserem bunt geschmückten Weihnachtsbaum. Ich nannte sie „Lissy" und liebte sie heiß und innig.

Heute bin ich auf den Dachboden gestiegen, habe einen alten Karton geöffnet und halte plötzlich, nach all den Jahren, meine Lissy wieder im Arm. Während ich ihre verstümmelte Frisur betrachte, fällt mir alles wieder ein …

Es war ein heißer Sommertag im August. Ich hatte es mir mit Lissy im Garten gemütlich gemacht. Wir saßen auf einer Decke, und mein Puppengeschirr war aufgebaut. Es gab Saft und Kekse. Da kam mein Bruder Klaus. Er war ein richtiger Lausejunge und hatte nichts Besseres zu tun, als mich den ganzen Tag zu ärgern. Klaus warf meine Puppensachen um, klaute mir die Kekse und rief: „Du und Lissy, ihr seid ja so blöd!"

Ich war wütend und schimpfte ihn einen „Stinkstiefel". Fünf Minuten später kam er zurück und riss mir Lissy aus der Hand. Dann schnitt er ihr mit Mutters Schneiderschere die Haare ab. Er grinste frech, als er die Puppe zurück auf die Decke warf. Ich schrie wie am Spieß!

Zehn Minuten später hatte sein Hosenboden Hochzeit, wie man so schön sagt. Ich sah mit Freuden zu, denn jetzt schrie *er* wie am Spieß.

Am nächsten Weihnachtsfest bekam ich eine neue Puppe und Lissy wanderte in den Karton. Meine Mutter brachte den Karton auf den Dachboden, wo ich ihn heute wiedergefunden habe. Und ich habe noch etwas wiedergefunden: meine alte Liebe zu Lissy. Ich habe gemerkt, dass ich diese Puppe noch genauso liebe wie am ersten Tag. Ich werde sie nie wieder hergeben. Ich werde Lissy auf das Sofa setzen, sodass ich sie jeden Tag sehen kann.

Ja, Kindheitserinnerungen sind doch die schönsten Erinnerungen!

Tiergeschichten

Lui, der Kater

Seit Tagen beobachtete Kater Lui ein kleines weißes Haus mit einem schnuckeligen etwas verwilderten Garten dahinter. Alles war ganz nach seinem anspruchsvollen Geschmack, und er nahm sich fest vor, hier einzuziehen.

Lui lebte seit zehn Jahren auf der Straße. Inzwischen war es ihm gründlich leid, täglich für sein Futter jagen zu müssen. Er dachte an ein gemütliches Zuhause und geregelte Mahlzeiten, Streicheleinheiten, Gesellschaft und einen hübschen warmen Schlafplatz.

In dem weißen Haus mit Garten wohnte eine zierliche kleine Frau mit grauen Haaren. Sie war allein, so wie Lui. Sicher sehnte sie sich nach netter Gesellschaft. Angestrengt dachte Lui nach, was er anstellen musste, um dort einziehen zu können. Bald hatte er einen Plan entwickelt. Als Erstes musste er mit ihr Bekanntschaft schließen, denn man will ja nicht zu Fremden ziehen. Also schlich er um das Haus herum, suchte einen guten Platz zum Beobachten, setzte sich und wartete.

Kurz darauf kam die zierliche kleine Frau heraus. In der Hand trug sie eine Einkaufstasche, denn sie wollte gerade zum Lebensmittelgeschäft gehen. Als sie Lui entdeckte, ging sie auf ihn zu.

„Hallo, wer bist denn du?", fragte sie mit sanfter Stimme.

Genau so hatte Lui es sich vorgestellt. Er begann zu schnurren und machte einen Buckel. Die Frau streichelte Lui und sagte leise: „Ich heiße Eva, du bist aber ein Schöner."

Alles lief ja wie am Schnürchen! Lui strich um die Beine der Frau und miaute zärtlich. Eva lief ins Haus zurück und brachte Lui ein Schälchen Milch. Das war ganz nach seinem Geschmack, und er schlabberte das Schälchen leer. Zufrieden miaute er und schlich dann auf seinen Samtpfoten davon.

Alles lief nach Plan. Lui suchte sich ein ruhiges Versteck, um sein braun-weiß getigertes Fell zu putzen. Er wollte sauber sein und glänzend aussehen für seinen nächsten Auftritt.

Doch bis dahin lag noch Arbeit vor ihm.

In der Nacht ging Lui auf die Jagd. Nachdem er die Mülltonnen nach etwas Essbarem durchsucht hatte (hoffentlich zum letzten Mal!), fing er im hellen Mondschein eine Maus. Liebevoll legte er seine Beute als Geschenk vor Evas Haustür und setzte sich daneben. Um 6 Uhr in der Frühe miaute er kräftig. Eva hörte wohl nicht mehr so gut und kam nicht gleich heraus. Lui legte alle Kraft in seine Stimme. Aber plötzlich hörte er einen laut gellenden Schrei. Da stand Eva in der geöffneten Haustür.

Lui starrte erschrocken auf die entsetzte Eva, die sich gar nicht über sein Geschenk freute. Im Gegenteil, mit

Schaufel und Besen entfernte sie seine Maus. Lui war traurig und schlich davon. Vielleicht wollte Eva lieber ein anderes Geschenk?

In der folgenden Nacht fand er ein paar komische Dinge, die eigentlich gar nicht seinem Geschmack entsprachen. Doch er sammelte sie eifrig und trug sie alle vor Evas Haustür. Also saß er am nächsten Morgen neben einem roten Haargummi, einem goldenen Flaschenverschluss, einem rosafarbenen Kinderstrumpf und einer bunten Plastiktüte und miaute aus voller Kehle. Ob Eva sich wohl freute?

Er hatte nicht mehr viel Zeit, der Winter stand vor der Tür. Lui wollte dann längst in der warmen Stube sein. Und er hatte Glück. Eva lachte herzlich über seine Geschenke. Sorgfältig sammelte sie alles auf, legte die Sachen in ein Körbchen und nahm Lui mit ins Haus. Von nun an konnte er kommen und gehen, wann er wollte.

Doch schon nach ein paar Wochen zog es ihn kaum noch ins Freie. Im Haus war es warm und gemütlich. Der Fressnapf war immer gefüllt, er durfte abends bei Eva auf dem Sofa liegen und wurde liebevoll gestreichelt.

So kam es, dass Lui eine Hauskatze wurde. Er hatte sein Ziel erreicht und obendrein einen einsamen Menschen glücklich gemacht.

Der Spatz ist krank

Es stand einmal eine alte Eiche in einem schönen Garten. In der Eiche wohnten Herr und Frau Spatz. Die beiden hatten sich ein bisschen gestritten, und nun war Herr Spatz verärgert. Er legte sich in sein Bett, sprach nicht mehr, trank nicht mehr und aß nicht mehr. Darüber ärgerte sich Frau Spatz.

Eines Tages kam der stolze Hahn zu Besuch. „Tuck, tuck, tuck. Wo ist denn Herr Spatz, ist er nicht zu Hause? Ich vermisse sein Geschwatze."

Die Spätzin wollte nicht die Wahrheit über den Streit sagen und antwortete: „Zu Hause ist er schon, aber er ist krank. Er kann nicht reden."

„Ach so", sagte der Hahn, „ihm tut sein Kehlchen weh. Da weiß ich Rat. Ein gemahlenes Haferkorn muss ihm aufs Kehlchen gelegt werden, das bringt Linderung."

Die Spätzin schüttelte ihren kleinen Kopf und sagte: „Das nutzt nichts, das habe ich schon ausprobiert." Da zuckte der Hahn mit den Flügeln und flog davon.

Gleich danach kam die Krähe auf den Baum geflogen. „Krah, krah, krah", krächzte sie „was macht der Spatz? Wir vermissen ihn."

„Er ist krank, er hat Rückenschmerzen und liegt im Bett", sagte die Spätzin diesmal. „Es zerrt und zwickt ihn überall."

„Ihr müsst in den Garten fliegen und Wermutblätter sammeln. Legt sie dem Spatz auf den Rücken, das hilft bestimmt."

Wieder schüttelte sie den kleinen Kopf und sagte verlegen: „Das hab ich schon versucht, aber davon hat er Seitenstechen bekommen."

„Dann kann ich auch nicht helfen", krächzte die Krähe und flog davon.

Frau Spatz sah ihr hinterher und wurde ganz traurig. Herr Spatz lag immer noch wortlos im Bett und aß und trank nicht.

Da kam auch schon neuer Besuch, das Rebhühnchen. „Ist der Spatz zu Hause?"

„Ja, aber er kann nicht reden und nicht laufen, er isst und trinkt nicht."

„Das tut mir aber leid", sagte das Rebhühnchen.

„Ja, es ist schrecklich."

„Habt Ihr es schon mit Pfefferminze versucht?", fragte das Rebhühnchen.

„Ich habe alles versucht, aber nichts hilft."

Das Rebhühnchen blickte sie verständnisvoll an und lächelte spitzbübisch. Dann sagte es: „Ja, wenn das so ist, wird der Spatz wohl nicht mehr lange leben. Soll ich mich für Euch nach einem neuen Mann umsehen?"

Noch ehe Frau Spatz antworten konnte, kam Herr Spatz aus seinem Nest hervorgeschossen. Er wollte nicht länger böse sein und rief: „Wer sagt, dass ich krank bin? Tschilp, tschilp, meine Frau braucht keinen neuen Mann, ich habe sie lieb. Tschilp, tschilp!"

Das Rebhühnchen schmunzelte und flog davon.

Frau Spatz lächelte glücklich. Und das war gut so!

Meister Petz auf Futtersuche

Es ist Frühling geworden. Meister Petz ist aus seinem Winterschlaf erwacht und streckt seine braune Nase aus der Höhle. Mh, es riecht ja so gut! Und es sieht alles so schön frisch aus. Die Bäume und Sträucher haben schon grüne Blättchen bekommen, und auf der Wiese blühen bunte Blumen.

Der Bär tritt vor seine Höhle und reckt und streckt sich ordentlich. Die Knochen sind noch etwas steif vom langen Winterschlaf. Ein gewaltiges Grummeln kommt aus seiner Magengegend. Er hat einen Bärenhunger!

„Uhaaa!" Meister Petz gähnt noch einmal kräftig. „Auf zum Fluss und ein paar Fische zum Frühstück fangen!", ruft er fröhlich und tapst los. Das Wasser des Flusses glitzert im Sonnenschein.

„Juchu!", ruft Meister Petz und hält Ausschau nach Fischen. Im Fluss tummeln sich Barsche, Hechte, Karpfen und Aale. Begeistert springt er ins Wasser. Er taucht, er schwimmt und versucht, einen Fisch zu erwischen, aber die Fische sind schneller. Er fängt nicht *einen* Fisch. Verdutzt setzt er sich auf einen Stein am Ufer.

Über dem Fluss kreist ein Fischreiher. Der ruft ihm zu: „Wohl noch nicht ausgeschlafen, Meister Petz?" Der Bär nickt traurig. Da taucht der Fischreiher in die Fluten, zieht einen Fisch heraus und wirft ihn dem Bär zu. „Damit du wieder zu Kräften kommst!", ruft er lachend und fliegt davon.

Das ist Meister Petz sehr, sehr peinlich, und er beschließt, nach dem Fressen noch etwas zu schlafen.

Der herrliche Frühlingsduft weckt Meister Petz am nächsten Morgen. „Uhaaa!" Er gähnt laut. „Heute suche ich nach Früchten und Kräutern", brummelt er.

Der Hunger treibt ihn im Wald umher. Doch es ist noch viel zu früh für die Früchte des Waldes, die müssen erst noch wachsen. Enttäuscht setzt sich Meister Petz ins weiche Gras und meint: „Heute ist nicht mein bester Tag."

Da kommt ein Wolf des Weges. „Du siehst hungrig aus", ruft der Wolf. „Schau mal, ich habe hier einen schönen Schinken. Den habe ich dem Bauern stibitzt. Ich gebe dir gerne die Hälfte ab." Und er teilt seinen Schinken mit dem Bären.

Ach, wie ist das peinlich für Meister Petz!

Am nächsten Morgen strahlt die Sonne wieder hell und golden vom blauen Himmel. „Heute gehe ich zum Bienenstock!", sagt Meister Petz. Honig ist seine Lieblingsspeise. Aber die Bienen wissen sich zu verteidigen. Sie wehren sich und stechen den Bären sogar. Da nimmt er schleunigst Reißaus und setzt sich auf einen Baumstumpf.

Ein Eichhörnchen hoppelt über den Weg. Es fragt: „Kein Glück heute, Meister Petz?" Er nickt verlegen.

„Lass dir helfen!", ruft das Eichhörnchen und bringt ihm ein paar Nüsse aus seinem Wintervorrat.

Als Meister Petz satt ist, brummelt er: „Es ist gar nicht so schlimm, wenn man sich helfen lässt. Ich glaube, ich gehe zurück in meine Höhle und schlafe noch sieben Tage. Dann klappt es bestimmt besser mit der Futtersuche."

Er legt sich hin, und kurz darauf erfüllt sein Schnarchen die ganze Höhle.

Das Waldkonzert

Es war einmal ein Specht. Er war ein munterer Geselle und lebte in einer großen alten Eiche. An einem sonnigen Sommermorgen hatte der Specht eine prächtige Idee: Ein Waldkonzert sollte stattfinden. Dafür musste er alle Vögel des Waldes zusammentrommeln. Er kletterte auf den dicken Eichenstamm und begann, kräftig zu hämmern.

Nach und nach trafen die Vögel ein. Nur Frau Nachtigall verspätete sich erheblich. Ihre Morgentoilette war zu ausgiebig gewesen, denn sie war sehr eitel. Als alle versammelt waren, trug der Specht seine Idee vor.

Anschließend herrschte einen Augenblick lang beängstigende Stille. Doch dann entstand ein lebhaftes Gezwitscher und ein munteres Gepiepse. Alle waren in heller Aufregung, denn so etwas hatte es noch nicht gegeben. Frau Nachtigall prüfte sogleich, ob ihre Stimmbänder noch funktionierten.

Herr Specht bat um Gehör und begann mit der

Organisation des Waldkonzertes. Schließlich war er der Musikdirektor. Am Abend, als die Sonne wie ein roter Feuerball im See versank, wusste jeder, welche Aufgabe er zu erfüllen hatte oder was er üben musste. Bis zum nächsten Sonntag sollte alles perfekt klingen.

Die ganze Woche wurde eifrig geübt und geprobt. Dann war es so weit. Die Sonne begrüßte den Sonntag mit ihrem goldenen Licht. Im Wald wurde es lebendig. Ein jeder machte sich trällernd auf den Weg zur alten Eiche. Die Zweige waren frisch geputzt, und Herr Specht saß bereit. Er wies jedem ankommenden Vogel seinen Platz zu. Dann warteten alle auf das Startzeichen.

Punkt acht Uhr begann das Konzert. Alle Waldbewohner lauschten und spitzten die Ohren, um ihren Einsatz nicht zu verpassen.

Der Specht trommelte den Takt, und der Distelfink spielte die erste Violine. Die Flöte wurde zart von der Meise gespielt. Der Rabe war der Brummelbass, der Buchfink blies die Oboe und die Drossel die Trompete. Der Kuckuck schlug das Schlagzeug und das Rotkehlchen die Triangel. Und über alles erhob sich die Stimme von Frau Nachtigall. Hingebungsvoll trällerte sie eine Arie aus der Operette „Der Vogelhändler". Die Lerche durfte die zweite Stimme dazu singen.

Es jubilierte, musizierte, schmetterte und schallte durch den ganzen Wald. Die anderen Tiere hielten inne und lauschten, Bienen, Mücken und Käfer fielen summend ein. Der ganze Wald war voller Musik. Wirklich, ein herrlicher Ohrenschmaus!

Und als das Stück zu Ende war, gab es gewaltigen Applaus. Hasen, Füchse, Rehe, Hirsche, Eichhörnchen und Frösche, alles jubelte und klatschte. Da beschloss man, jeden Sonntag ein Konzert zu geben.

Wenn Sie am nächsten Sonntag einen Waldspaziergang machen, dann lauschen Sie einmal genau in den Wald hinein. Sicherlich werden Sie auch ein Waldkonzert hören.

Minkas Heimweg

Es war einmal eine Katze, die hieß Minka. Minka hatte sich am frühen Morgen auf einem Heuwagen zum Schlafen hingelegt. Sie war nämlich sehr müde von ihrem nächtlichen Streifzug. Weil sie so tief und fest schlief, hörte sie nicht, wie der Heuwagen losfuhr. Erst viel später, es war schon Mittag, wurde sie unsanft geweckt. Eine spitze Heugabel war dabei, das duftende Heu vom Wagen abzuladen. Unsanft wurde Minka vom Heuwagen herunterbefördert.

„Miau, wo bin ich? Das ist doch nicht mein Hof!“, maunzte sie empört. Der Heuwagen fuhr wieder los, und Minka war allein. Aber dort in der Fremde gefiel es ihr nicht, sie wollte wieder nach Hause.

Minka marschierte los. Nach einer Stunde kam sie zu einem Fluss. Am Ufer lag ein kleines rotes Boot. Ein

Junge war gerade dabei, das Schiff startklar zu machen. Minka sprang hinein.

„Miau, miau! Nimm mich mit!"

„Mach es dir nur bequem", sagte der Junge und ruderte los. In einem Eimer waren Fische, die der Junge auf dem Markt verkaufen wollte. Minka bekam einen Fisch und fraß ihn mit Genuss. Doch bald war die Reise zu Ende, und Minka verabschiedete sich.

Am Rande des Marktplatzes stand ein Pferd, das vor einen Karren gespannt war.

„Kannst du mich mitnehmen?", fragte Minka das Pferd.

„Steig nur ein", antwortete der alte Gaul. In dem Karren lagen Salatköpfe. Minka setzte sich dazwischen und schnupperte an den frischen grünen Blättern, aber die waren nicht ganz so nach ihrem Geschmack. Als der Bauer kam, fuhren sie los. Über eine holprige Straße rumpelten sie bis zum nächsten Dorf. Dort musste Minka wieder aussteigen.

Sie schnupperte in die Luft hinein. „Ich glaube, ich bin schon ein Stückchen näher an meinem Zuhause", sagte sie und schaute sich um.

Da kroch eine Schnecke über den Weg.

„Kannst du mich mitnehmen?", fragte Minka.

„Steig auf mein Haus und mach es dir bequem", antwortete die Schnecke. Aber das ging Minka zu langsam, und es war nicht gemütlich. Nach einer halben Stunde waren sie gerade mal einen Meter vorwärtsgekommen. Minka schaute sich um. Da kam ein Hund die Straße entlanggelaufen.

„Kannst du mich mitnehmen?", fragte Minka.

„Meinetwegen", sagte der Hund, „setz dich auf meinen Rücken." Und schon sprang er los. Geschwind wie der Wind ging es vorwärts. Bäume, Sträucher, Blumen und Felder sausten an Minka vorbei. Und noch ehe die Sonne unterging, war Minka wieder zu Hause.

„Miau, danke. Ich weiß, wo unser Hofhund einen Knochen vergraben hat. Den sollst du zur Belohnung haben. Miau."

Noch lange saßen die beiden an diesem warmen Sommerabend zusammen und plauderten über die Welt. Erst als der Mond am Himmel stand, trennten sich ihre Wege. Der Hund lief zurück zu seinem Hof, und Minka ging auf Mäusejagd.

Karneval der Tiere

Es war einmal ein wunderschöner Bauernhof. Da gab es einen großen Stall, in dem schliefen alle Tiere. Jeden Abend brachte der Bauer sie von der Weide heim.

An einem Abend im Februar sprang der stolze Hahn auf die höchste Stange und rief: „Kikeriki, ich wäre gerne mal ein feiner Herr mit einem Hut und einem Regenschirm. Ich habe eine Idee: Morgen ist Rosenmontag, da wollen wir feiern! Alle sollen sich verkleiden. Dann machen wir eine Polonaise um den ganzen Bauernhof herum. Kikeriki!"

Ein emsiges Treiben begann. Überall wurde geheimnisvoll getuschelt und gekichert. Määh, muh, wuff, miau, gack, gack, quaak!

Am nächsten Morgen bot sich ein verrücktes Bild:

Der Hahn trug einen Hut und einen Regenschirm.

Der Waschbär kam auf dem Fahrrad.

Der Ackergaul trug grüne Stiefel.

Die Kuh hielt eine Pfeife im Maul.

Der Ziegenbock trug einen roten Schal und schrie: „Kikeriki!"

Der Dachs schlug einen Purzelbaum.

Der Hund trug einen Jägerhut.

Die Katze bellte und hatte eine Sonnenbrille auf der Nase.

Das Schaf trug eine Lederhose und jodelte: „Holdrio, holdrio!"

Dann sangen sie zusammen, und der Gaul stampfte mit den Hufen laut den Takt dazu. Sie tanzten und lachten, bis es Abend wurde. Der ganze Hof stand kopf!

Ja, so machten es die Tiere auf dem Bauernhof, als sie Karneval feierten. Und wenn sie nicht gestorben sind, machen sie es im nächsten Jahr wieder so.

Der schlaue Hase

Am Rande des dichten grünen Dschungels lebte einmal ein schlauer Hase. Dem pfiffigen Langohr saß der Schalk im Nacken. Täglich dachte er sich neue Streiche aus. An einem Sonntagmorgen im August hatte er eine ganz besonders gute Idee. Er fand seinen Einfall sehr witzig und hüpfte schon vorher vor Freude.

Nach dem Frühstück machte der Hase sich – hoppeldihoppel – auf den Weg. Zuerst hoppelte er zum Elefanten.

„Guten Morgen, grauer Dickhäuter. Du bist so stark, dass du Bäume ausreißen kannst, aber ich bin stärker als du!"

Der Elefant lachte. „Trörööö, das ist doch wohl ein Witz, kleiner Meister Lampe. Ich, der Elefant, bin der Stärkste!"

„Ich beweise es dir", sagte der Hase. „Ich binde das Ende von einem Seil an deinen Schwanz und das andere Ende um meinen Bauch. Dann ziehen wir beide. Wir werden ja sehen, wer als Erster von seinem Platz gezogen wird."

„Einverstanden!", sagte der Elefant siegessicher.

„Warte hier, bis ich wiederkomme", sagte der Hase und hoppelte davon. Er kam zum Nashorn, das gerade wütend schnaufte und mit seinen Füßen stampfte. Dadurch wirbelte es viel Sand auf. Der Hase war kaum zu sehen.

„Hallo, du starkes Nashorn", rief der Hase hustend.

„Wollen wir wetten, dass ich stärker bin als du?" Er schaute das Nashorn listig an.

„Aber gerne, Meister Lampe. Du wirst die Wette sicher verlieren", sagte das Nashorn verdutzt.

„Warte hier, bis ich wiederkomme", rief der Hase und hoppelte davon.

Eilig sprang er in sein Versteck und holte ein langes Tau. Damit lief er zum Elefanten und band ein Ende des Seils an seinem Schwanz fest. „Warte auf mein Zeichen!", rief er und eilte mit dem anderen Ende zum Nashorn. Auch beim Nashorn band er das Tau am Schwanz fest und rief belustigt: „Warte auf mein Zeichen!"

Dann hoppelte er zur Mitte des Seils, holte tief Luft und rief: „ Achtung! Ein, zwei, drei, los! Ziehen!"

Der Elefant zog aus Leibeskräften. Das Nashorn zog, was das Zeug hielt. Ein Ächzen und Stöhnen drang durch den Dschungel. Jeder zog, doch keiner bewegte sich von der Stelle. In der Mitte des Taus sprang der Hase vor Freude meterhoch in die Luft. Er lachte sich krumm und schief und rief: „Oh, sind die beiden dumm!"

Und wenn der Elefant und das Nashorn nicht gestorben sind, dann ziehen sie noch heute.

Der Schwan sucht eine Frau

Auf einem See am Rande der Stadt lebte ein stolzer weißer Schwan. Es gab Schilf und grünes Dickicht, Seerosen und auch ein paar Enten. Zwei Jahre lebte der Schwan schon auf diesem See, aber er fühlte sich sehr einsam, denn er hatte keine Frau. Er war der einzige Schwan weit und breit. Und dabei war er im besten Schwanenalter – genau richtig, um eine Familie zu gründen. Ja, eine liebe Familie, das war sein größter Wunsch.

Eines Tages beschloss er, etwas gegen die Einsamkeit zu unternehmen. Er wollte sich eine Frau suchen. Und so erhob er sich an einem warmen Sommermorgen in die Lüfte. Mit seinen kräftigen Schwingen kreiste er über das Land. Doch nirgendwo sah er andere Schwäne. Als er gerade traurig umkehren wollte, erblickte er in der Ferne einen Ort, an dem es anscheinend viele Tiere gab. Hoffnungsvoll flog er näher.

Ja, er hatte sich nicht geirrt, hier lebten ganz viele Tiere. Der Schwan beschloss zu landen. Wo war er nur? Um ihn herum tobte eine wilde Schar lustiger brauner Gesellen, die nur Unsinn im Kopf hatten. Sie kletterten und hangelten sich von einem Ast zum anderen.

„Gibt es hier eine Schwänin?", fragte der Schwan. Die Affen lachten und boten ihm eine Banane an. Zu Fuß watschelte der Schwan weiter und traf auf mächtige graue Tiere. Die streckten ihm neugierig den langen Rüssel entgegen.

„Gibt es hier eine Schwänin?", fragte er erneut. Aber

die Elefanten schüttelten ihre Köpfe. Und so wanderte er weiter. Hinter der nächsten Biegung sah er prächtige Tiere, die sich im warmen Sonnenschein räkelten. Das eine Tier hatte eine braune Mähne und gähnte ausgiebig. Die spitzen Zähne in seinem Maul sahen furchterregend aus.

„Gibt es hier eine Schwänin?", fragte der Schwan schüchtern.

„Uha!", brüllte der Löwe. „Hier ist ein Zoo, ich weiß nichts von Schwänen."

„Schade", sagte der Schwan enttäuscht. Er erhob sich wieder in die Luft, flog eine Runde und entdeckte einen kleinen blauen See, mitten im Zoo. Er flog noch eine Runde und sah, dass viele Wasservögel auf dem See schwammen. Er setzte zur Landung an.

Mitten auf dem See lag ein menschenleeres Tretboot. Das hatte die Form eines Schwanes. Gleich daneben schwamm eine schöne Schwanenfrau. Der Schwan blickte sie verliebt an und fragte: „Willst du meine Schwanenfrau werden?"

Verdutzt sah die Schwanenfrau auf, wies mit dem Schnabel auf das Boot und meinte: „Aber das ist doch mein Mann."

Der Schwan lachte: „Das ist doch nur ein Tretboot. Ich aber bin lebendig und würde dich auf Flügeln tragen."

„Oje, oje", sagte die Schwanenfrau. „Und ich glaube seit zwei Jahren, dass mein Mann böse mit mir ist. Er sagt gar nichts."

„Er kann ja auch nichts sagen, er ist ein Boot. Wenn du willst, bleibe ich bei dir", schlug der Schwan vor.

„Ich möchte lieber fort von hier. Nimm mich mit zu deinem See", sagte die Schwänin.

Da erhoben sich die beiden Schwäne in die Luft und flogen auf und davon. Sie waren zusammen glücklich bis an ihr Lebensende.

Ein Kamel macht Urlaub

Schwer beladen trabte Ali, das Kamel, durch die Wüste. „Jeden Tag dasselbe, Woche für Woche die schwere Last, Jahr für Jahr der gleiche Weg. Ich habe es gründlich satt, mich immer so schinden zu lassen", dachte Ali. Er blickte in die Ferne. Nichts als Sand und Sonne. Sanddünen über Sanddünen. Hitze am Tag und Kälte in der Nacht. Sandstürme und immer diese schwere Last auf seinem Rücken. „Ich brauche Urlaub", murmelte Ali.

Vierzehn Tage lang murmelte das Kamel diesen Wunsch vor sich hin. Dann waren sie endlich am Meer angekommen. „Jetzt oder nie!", murmelte Ali.

Eines Nachts schlich sich das Kamel davon. Es trabte auf eines der Schiffe, die im Hafen vor Anker lagen. Es gelang ihm, sich so gut zu verstecken, dass niemand den blinden Passagier bemerkte.

Zwei Wochen später stieg Ali in Hamburg von Bord des Schiffes. „Endlich Urlaub", sagte er und wollte sich die Stadt ansehen.

„Was gibt es hier nur für merkwürdige Kamele", dachte er, als er die Autokarawane in der Stadt sah. „Und da ist ein Riesenkamel, aber ohne Höcker", wunderte er sich, als ein Bus vorüberfuhr. Ali lief durch die Straßen, alles war ungewohnt und neu. So viele Menschen gab es in der Wüste nicht. Am Abend taten ihm seine vier Beine weh, denn er war es nicht gewöhnt, auf hartem Asphaltboden zu laufen.

Nach einer unruhigen Nacht bekam Ali Hunger. Auf der Suche nach etwas Fressbarem kam er auf den Wochenmarkt. Dort fraß er einen ganzen Obststand leer. Frisch gestärkt trabte er weiter.

Auf einem großen Platz hatte ein Zirkus sein Zelt aufgeschlagen. Dort gab es noch zwei andere Kamele und Ali gesellte sich zu ihnen. Hier gefiel es ihm. Es gab einen großen Trog mit Wasser und ordentlich Futter, und man brauchte nicht dafür zu arbeiten. Oder doch?

Am Abend wurde Ali mit in das Zirkuszelt genommen und musste im Kreis durch die Manege laufen. Auf Kommando sollte er sich setzen und wieder aufstehen, langsam laufen oder rennen. Anschließend gab es einen ohrenbetäubenden Applaus.

So kam es, dass Ali tagein, tagaus wieder das Gleiche tun musste. Das wurde ihm bald zu langweilig. Da war es doch in der Wüste schöner und ruhiger gewesen. Er sehnte sich zurück in seine sandige Welt. Ali hatte

Heimweh und weinte. Zum Glück war der Zirkusdirektor ein freundlicher Mann. Er sah die Tränen und schenkte Ali die Freiheit.

Nach langer Seereise ging Ali wieder an Land. Schnurstracks lief er zu seinem Herrn zurück. Der freute sich sehr, dass sein Kamel zurückgekommen war. Fortan trug Ali wieder seine schweren Lasten, aber er war glücklich dabei. Denn er wusste nun: In der Heimat ist es doch am schönsten.

Reimgeschichten

Bei den folgenden Geschichten in Reimform sind passende Reimwörter zu ergänzen. Machen Sie beim Vorlesen einfach eine kurze Pause, bis das richtige Wort gefunden wurde.

Das Kätzchen

In der Küche meiner lieben Mutter
gab es frisches Brot mit guter … (Butter).
Wir Kinder und die Katze
und auch der Opa mit der … (Glatze)
saßen gern am Küchentisch
und aßen am Mittag frischen … (Fisch).
Einmal stand ein Töpfchen Milch, ganz frisch,
in der Küche auf dem … (Tisch).
Kätzchen wollt sich dran erlaben,
wollte von der Milch was … (haben).
Ganz leise schleicht sie sich zum Töpfchen,
steckt hinein ihr hübsches … (Köpfchen),
doch, o weh, nun steckt das Köpfchen
ganz fest drinnen in dem … (Töpfchen)!
Kommt die Mutter um die Eck,
in der Hand den fetten … (Speck).
Mutter muss den Topf zerschlagen
und das Kätzchen nach draußen … (tragen).

Schnecke und Maus

In einem Garten unter einer Hecke
wohnten eine Maus und eine … (Schnecke).
Die Schnecke besaß ein eigenes Haus,
eine Höhle in der Erde bewohnte die … (Maus).
Sie führten dort ein gutes Leben,
es gab genug zu fressen, welch ein … (Segen)!
Der Schnecke schmeckten Salat und Blätter,
bei gutem und bei schlechtem … (Wetter),
die Maus auch gerne in Nachbars Garten ging,
weil dort eine besonders dicke Erdbeere … (hing).
Abends erzählten sie sich lustige Geschichten,
die Maus liebte es, ein Verslein zu … (dichten).
Doch einmal kam die Heckenschere
den beiden Freunden in die … (Quere).
Angst und Schrecken befiel die beiden,
der Mensch konnte sie sowieso nicht … (leiden).
Da kroch die Schnecke ins Haus der Maus,
tief in die Höhle, und die Geschichte ist … (aus).

Der Papagei

Die Müllers hatten einen Papagei,
der fraß zum Frühstück gern ein ... (Ei),
auch liebte er ein Stückchen von der Wurst,
danach bekam er immer großen ... (Durst).
Er knabberte gerne an Herrn Müllers Bart,
es tat nicht weh, er machte es ganz ... (zart).
In der Küche sein Käfig stand,
er war zahm und kam auf die ... (Hand).
Herr Müller brachte ihm bei viele Worte und Lieder,
und er plapperte und trällerte sie nach, immer ...
(wieder).
Wenn die Müllers am Tisch saßen beim Essen,
wollte auch er gerne etwas zu ... (fressen).
Gab es am Nachmittag Kaffee und Kuchen,
hüpfte er los, um die Krümel zu ... (suchen).
Er saß auch gerne auf dem Küchenschrank,
doch einmal wurde er sehr ... (krank),
er wollte nichts mehr fressen,
und auch das Trinken hatte er ... (vergessen),
er saß nur stumm auf seiner Leiter,
war nicht mehr munter, nicht mehr ... (heiter).
Da kaufte ihm Herr Müller eine Frau mit hübschem
Gefieder,
da wurde der Papagei wieder munter und streckte die
... (Glieder).
Vergessen waren Kummer und Schmerzen,
jetzt hatte er nur noch Liebe im ... (Herzen).

Frau Tausendfuß

Frau Tausendfuß flitzt durch den Garten,
sie hat es eilig,
große Wäsche, Hausputz, es wird ihr nie …
(langweilig).
Tausend Socken sind zu waschen,
Pudding kochen, die Kinder wollen etwas … (naschen),
tausend Schuhe gründlich putzen,
fünf Minuten für eine Verschnaufpause … (nutzen),
das Haus entstauben, Betten lüften, Boden wischen,
Kräuter sammeln und in den Salat rein… (mischen).
Frau Tausendfuß hat alle Hände voll zu tun,
es gibt keine Zeit, sich ein wenig auszu… (ruhn),
Frau Tausendfuß ist sehr geschwind,
sie ist schneller als der … (Wind).
Kommt der Mann am Abend heim,
ist die ganze Wohnung … (rein).

Die Osterglocke

Ein Blümelein erwacht im Garten,
es ist Frühling, warum noch ... (warten)?
Die Sonne scheint, die Knospen sprießen,
hoffentlich vergisst die Frau nicht zu ... (gießen)!
Das Blümlein wächst und ist sehr kräftig,
die Blüte wird bestimmt ganz ... (prächtig).
Die ersten Bienen kommen angeflogen
und wollen sich den Nektar ... (holen).
Eine Osterglocke, gelb und fein,
stolz erstrahlt sie im ... (Sonnenschein).
Doch Gefahr lauert in der Nähe,
ein Kind eilt herbei, oh ... (wehe)!
Diese schöne Blume will es haben,
mit der Schere will es ihr an den ... (Kragen).
Gefährlich blitzt die Schere im Sonnenschein,
da ruft die Frau: „Die Blume ist ... (mein)!"
Schützend breitet sie die Hände aus,
dem Blümchen geht's gut, und die Geschichte ist ...
(aus).

Weihnachtsgeschichten

Stiefel für den Großvater

Vier Wochen waren es noch bis Weihnachten. Der kleine Jan saß am Küchentisch und schrieb seinen Wunschzettel. Mama und Papa hatten die Wohnung schon festlich geschmückt. Überall hingen Sterne, und Kerzen standen auf den Tischen. Heute, am Samstag, wollte Mama Kekse backen. Die dufteten so herrlich nach Vanille, Zimt und Anis.

Jan überlegte, was er sich am liebsten wünschte, und schrieb auf den Wunschzettel:

Ich wünsche mir:
eine elektrische Eisenbahn
einen neuen Rodelschlitten
eine wasserdichte Armbanduhr mit eingebauter
Stoppuhr

Als er so dasaß und aus dem Fenster schaute, fiel ihm plötzlich ein, dass Großvater schon lange nicht mehr da gewesen war. Er liebte seinen Großvater sehr, er dachte an die schönen Geschichten, die er ihm erzählt hatte. Aber Großvater konnte leider nicht so oft zu Besuch kommen. Er wohnte weit weg im Norden, in Hamburg.

Jan wohnte mit seinen Eltern im Schwarzwald. Also schrieb er noch auf seinen Wunschzettel:

Und Großvater soll zu Besuch kommen!

So, das war geschafft, nun hieß es abwarten. In der folgenden Nacht träumte Jan, dass am Heiligen Abend alle seine gewünschten Geschenke unter dem Weihnachtsbaum lagen. Auch der Großvater saß dort im Sessel, mit dem dicken Geschichtenbuch in der Hand.

Während Jan schlief, las seine Mutter den Wunschzettel. Sie seufzte. Wie sollte sie Jan sagen, dass sein Großvater wahrscheinlich nicht kommen konnte? Er lag in Hamburg im Krankenhaus, weil er eine Lungenentzündung hatte. Es ging ihm nicht gut, er war sehr krank. Mama hatte Angst, dass Jan vor Sorge um den Großvater ganz traurig werden würde. Deshalb hatte sie ihm von seiner Krankheit nichts erzählt.

Eine Woche später, es hatte schon geschneit, fragte Jan: „Kommt Großvater Heiligabend zu uns?"

Seine Mutter antwortete: „Ach, weißt du, bei uns ist es jetzt so kalt geworden, und Großvaters gefütterte Stiefel sind kaputt. In der Sohle ist ein großes Loch, da bekäme er kalte Füße. Deshalb muss er zu Hause bleiben!"

Jan war sehr enttäuscht. Noch am selben Abend setzte er sich hin und schrieb einen neuen Wunschzettel:

Lieber Weihnachtsmann,

ich habe nur einen Wunsch: Stiefel für meinen Groß-
vater, damit er Heiligabend kommen kann. Ich lege dir
mein gespartes Taschengeld dazu. Bring ihm die Stiefel
bitte pünktlich, damit er den Zug nicht verpasst.

Liebe Grüße, Jan

Er schlachtete sein Sparschwein und legte das Geld zu
dem Brief auf die Fensterbank. Am nächsten Morgen
war der Wunschzettel verschwunden.

Die Tage vergingen. Die verschneite Landschaft glit-
zerte im Sonnenlicht. Wunderschön sah das aus. Wie
durch ein Wunder erholte sich Großvater in Hamburg
rasch von seiner Krankheit und konnte bald aus dem
Krankenhaus entlassen werden. Er wurde von Tag zu
Tag kräftiger.

Dann war es so weit, der Heilige Abend war da. Alles
leuchtete festlich, es duftete in der ganzen Wohnung
nach leckerem Essen. Jan durfte nicht ins Wohnzimmer,
und am Abend ging Papa mit ihm in die Kirche. Jan
war aufgeregt: Würde Großvater wohl da sein, wenn sie
nach Hause kamen?

Auf dem Heimweg sah Jan viele erleuchtete Fenster,
es sah alles so festlich aus. Vom Kirchturm her läuteten
die Glocken, als sie zu Hause ankamen. Mütze, Schal
und Jacke flogen in die Ecke, und Jan rannte zur Wohnzimmertür, die noch verschlossen war. Endlose Sekun-
den vergingen, bis er ein Glöckchen hörte.

Aufgeregt stürmte er ins Zimmer, es war nur durch

Kerzenlicht erhellt. Am Fenster stand ein großer Tannenbaum, der strahlte so wunderschön. Jan sah bunt verschnürte Pakete, sein Blick durchsuchte das Zimmer.

Da saß er im Sessel, sein Großvater! Er hatte schon das Geschichtenbuch in der Hand.

„Großvater, mein lieber Großvater, du bist da! Das ist so schön, so wunderschön!" Er sprang auf Großvaters Schoß und umarmte ihn. „Großvater, wirst du mir Geschichten vorlesen? Spielst du mit mir? Baust du mit mir einen Schneemann?" Tausend Fragen hatte Jan.

Großvater nickte nur und zeigte Jan seine neuen Stiefel. Jan war selig, dass sein Wunsch erfüllt worden war.

Er sagte noch das Gedicht auf, das er gelernt hatte:

Weiß glitzern heute alle Felder,
tief verschneit sind alle Wälder.
Am Himmel funkeln tausend Sterne,
sie erleuchten die Welt, nah und ferne.
Ein heiliger Gruß erreicht die Menschen,
allen wollen wir Gutes wünschen.
Ein jeder wird ans Christkind denken.
Wir wollen uns Freude und Frieden schenken.

Erst viel später bemerkte Jan, dass er ja noch mehr Geschenke bekommen hatte. Noch am selben Abend bauten er und Papa und Großvater zusammen die Eisenbahn auf. Alle waren froh und dankbar, dass sie heute zusammen Weihnachten feiern konnten.

Das Weihnachtswunder

Glitzernd fiel der Schnee vom Himmel, als Clara aus der Kirche kam. Die Abenddämmerung hatte eingesetzt, die Straßenlaternen brannten. Clara zog ihre Mütze tief ins Gesicht. Langsam und nachdenklich machte sie sich auf den Heimweg.

Schwere Schicksalsschläge hatte sie in diesem Jahr verkraften müssen. Der Verlust eines Kindes war das Schlimmste gewesen. Nun war auch noch Georg, ihr Mann, schwer erkrankt. Würde sie ihn auch noch verlieren? Sie hatte den Weihnachtsgottesdienst besucht, um sich trösten zu lassen und um zu beten. Ja, sie wollte Gott um Hilfe bitten.

Die Worte der Predigt klangen ihr noch im Ohr. Der Pfarrer hatte über den Bibelvers gesprochen: „Fürchtet euch nicht! Siehe, ich verkündige euch große Freude … Denn euch ist heute der Heiland geboren …"

Als sie Georg an diesem Abend versorgt hatte und er eingeschlafen war, saß sie noch lange an seinem Krankenbett. Im Schein der Kerze leuchtete sein Gesicht. Es sah fast so aus, als würde er lächeln. Seine Atemzüge waren ruhiger geworden. Sie schloss den Tag mit einem stillen Gebet ab. Sie bat Gott, ein Wunder geschehen zu lassen, an sie zu denken an diesem besonderen Tag, dem Heiligen Abend.

Ein ungewohntes Geräusch ließ Clara am Weihnachtsmorgen aufwachen. Sie riss die Augen auf und sah, dass Georg auf dem Bettrand saß. Wochenlang war er nicht in der Lage gewesen, sich allein aufzurichten. Jetzt saß er da und sagte fröhlich: „Clara, ich habe Hunger."

Clara erhob sich und setzte sich neben ihn. „Wie geht es dir, mein Lieber?", fragte sie.

„Viel besser, meine Liebe", antwortete er und wunderte sich selbst.

Clara ging zum Fenster und schaute hinaus in den Winterhimmel. Die Schneeflocken wirbelten vor der Scheibe, sodass sie Mühe hatte, bis zum Ende der Straße zu sehen. Sie dankte Gott von ganzem Herzen! Der Morgen war noch grau und dunkel, aber ganz weit in der Ferne, ganz oben am Himmel schien ein Licht zu sein. Überwältigt sagte Clara leise: „Das ist der Weihnachtsstern."

Georg stand auf einmal hinter ihr und nahm sie ganz fest in seine Arme.

Dankbar sagte Clara: „Ein Weihnachtswunder."

Weihnachten ohne Beleuchtung

Endlich war es wieder so weit. Das ganze Dorf fieberte dem Weihnachtsfest entgegen. Allerdings weniger dem eigentlichen Fest, sondern eher dem ganzen Drumherum, der glitzernden Dekoration und dem schmückenden Beiwerk. Die Menschen konnten es kaum erwarten,

Häuser, Garagen und Gärten mit Lichtergirlanden zu schmücken.

Im Laufe der Jahre war ein regelrechter Wettbewerb entstanden. Jeder wollte, dass *sein* Garten und *sein* Haus am schönsten leuchtete. Am Samstag vor dem ersten Advent sah man alle Dorfbewohner auf Leitern, in den Bäumen und Gärten, um die Adventsdekoration anzubringen. Niemand hatte Zeit, alle waren in Eile und nervös: Wo ist der Weihnachtsmann? – Die Lichterketten müssen höher! – Pass auf, dass du nicht herunterfällst! – Da ist ein Lämpchen kaputt! – Der Schlitten muss noch aufs Dach ...

Zwischendurch wurde heimlich zum Nachbarn geschielt: Was brachte der gerade an? Hatte er etwa eine größere und schönere Dekoration?

Aber so hektisch es auch zuging, am ersten Advent war alles fertig! Pünktlich um achtzehn Uhr wurden alle Lichter angemacht, und das ganze Dorf erstrahlte in einem goldenen Licht. Das sah wunderschön aus. Und es wäre auch diesmal so gewesen, wenn da nicht die Schmids gewesen wären ...

Frau Schmid sagte zu ihrem Mann: „Ich möchte zu Weihnachten auch noch die große Tanne im Garten beleuchtet haben. Und die Gartenlaube soll auch eine Lichterkette haben, und die Hecke zum Nachbarn könnten wir auch noch beleuchten. Und überhaupt, das ganze Hausdach soll leuchten ...“

Herr Schmid seufzte, aber er versuchte, seiner Frau alle Wünsche zu erfüllen. Tag für Tag kam ein neues

Lichterkunstwerk dazu. Man hörte ihn nur gelegentlich leise schimpfen: „Die kriegt den Hals nicht voll. Immer will sie mehr haben als die anderen."

Am Heiligen Abend warteten alle gespannt auf das Einschalten der Lichterketten. Wie immer wollten sich alle Dorfbewohner auf dem Marktplatz treffen, um Weihnachtslieder zu singen, und Punkt achtzehn Uhr sollte die Beleuchtung angehen. Der Bürgermeister drückte auf den Einschalter, aber diesmal gab es nur ein kurzes Aufflackern der Leuchten, dann knallte es irgendwo laut – und danach war es stockdunkel. Schmids zusätzliche Beleuchtung hatte offenbar das Stromnetz lahmgelegt!

Alle Augen richteten sich auf Frau Schmid, die einen ganz roten Kopf bekommen hatte. Herr Schmid eilte los und holte Kerzen, verteilte sie, und alsbald erstrahlte der Marktplatz im warmen Kerzenschein. Als das Geläut der Kirchturmglocken verklungen war, ertönten auf dem Platz die Weihnachtslieder.

Herr Schmid flüsterte seiner Frau zu: „Ich glaube, wir müssen lernen, bescheidener zu sein."

„Ja", sagte sie leise. Aber die Lichter blieben trotzdem aus.

Von diesem Weihnachtsfest wurde im Dorf noch lange geredet. Und viele sagten hinterher: „Ach ja, die Feier bei Kerzenschein war ja eigentlich viel schöner und stimmungsvoller …"

Von Ulrike Strätling lieferbar:

- Omas Kuchen ist der beste
  Geschichten zum Vorlesen für Menschen mit Demenz
  ISBN 978-3-7655-4155-1

- Das schönste Lebkuchenhaus
  Weihnachtsgeschichten zum Vorlesen für Menschen mit Demenz
  ISBN 978-3-7655-4166-7

- So ein schöner Tag
  Vorlesegeschichten für Menschen mit Demenz
  ISBN 978-3-7655-4253-4

- Rosenduft und Sonnenschein
  Natur- und Tiergeschichten zum Vorlesen
  ISBN 978-3-7655-3189-7

  Wie die Zeit vergeht
  Geschichten zum Vorlesen für Menschen mit Demenz
  ISBN 978-3-7655-7495-5

- Ein Glas voller Malzbonbons
  Geschichten zum Vorlesen und Erinnern
  ISBN 978-3-7655-4353-1

- **Kaffeeduft und Sonnenschein**
  Neue Geschichten zum Vorlesen und Erinnern
  ISBN 978-3-7655-4389-0

BRUNNEN VERLAG GIESSEN
www.brunnen-verlag.de